大都市都心地区の変容と
マンション立地

富田和暁 著

古今書院

*Re-centralization of Population and New Condominiums
in the Central District of Major Cities in Japan*

by Kazuaki TOMITA

ISBN978-4-7722-5285-0
Copyright © 2015 Kazuaki TOMITA
Kokon Shoin Ltd., Tokyo, 2015

は し が き

［本書の目的］

　第二次世界大戦後の日本の国土の変容は著しい。その変容の原動力は経済成長，換言すれば工業化と都市化である。工業化と都市化によって，とくに農山村地域および大都市近郊農村地域の土地利用や産業立地は大きく変わった。また，東京23区や大阪市などを中心都市とする大都市圏の成長と変化も顕著な地域変容の1つである。

　日本の大都市圏に関するこれまでの地理学的研究の中心課題は，人口・産業の郊外化や大都市周辺地域の都市化・住宅地化，および大都市圏の構造的変容であった。大都市圏の中心都市である大都市それ自体あるいは大都市の中心地域の変化についてみると，特定の大都市都心地区の人口減少や産業（中心商店街や工場集積地区）の変化に関する研究が多い。日本の大都市都心地区においては1950年代後半以降，1990年代初頭のバブル経済の崩壊までの約40年の間，業務機能の集積が進行し，住居機能は大幅に減少した。いわゆる人口のドーナツ化現象の進行である。

　上記期間における国土空間レベルでの大きな人口移動は向都離村であり，大都市圏空間レベルでは大都市都心地区を中心とする大都市からその郊外への人口移動，すなわち郊外化であった。この人口移動とそれに関連して生じた諸社会現象と社会問題が，20世紀後半から20世紀末までの日本の社会の基底を形成するとともに社会を特徴づけたといえる。

　大都市の都心地区の高度経済成長期以後の大きな変容を簡潔にいえば，定住人口の転出増加による居住機能の大きな低下とオフィスビル・商業ビルの新規立地や地下商店街の建設による業務機能の増加であったといえる。

　ところが，20世紀末から大都市都心地区における人口回帰現象（人口の再集中化）が生じた。これは社会的にも注目されている現象である。この人口回帰現

象は，1950年代後半からほぼ40年間続いた都心地区における人口減少から人口増加に転じた大きな変化である。著者はこの変化に着目して，人口増加に寄与した住民の属性などの変化の実態と要因に関する調査・研究をしてきた。

本書はこれらの調査・研究をもとにして，日本の大都市都心地区における最近の大きな変容である人口の再集中化の実態を明らかにし，そしてその変容の諸要因とメカニズムを考察しようとするものである。この詳細は，下記の［本書の構成］のとおりである。

［本書の構成］

本書は2部6章と終章から構成されている。第1部は「大都市都心地区の変容とマンション立地」に関する次の3つの章から構成されている。

第1章では，東京，大阪，名古屋の3大都市の都心区におけるバブル経済崩壊前の1970～90年の期間の都心地区の機能的な変化を，従業地による職業別就業者数と建物用途別床面積の2つの面から検討する。これによって，都心区における業務地化の実態をホワイトカラー（事務系就業者）と事務所床面積の増加状況から数量的に明らかする。また，3大都市間の都心地区におけるこれらの変化の差異とその差異の要因について検討する。

第2章では，東京，大阪，名古屋，札幌，京都，福岡の6大都市の中心（行政）区における1960年以後の人口動向を分析して，人口の再集中化（都心回帰）がどの中心区でいつから生じたのかを究明する。また，この人口の再集中化が生じた中心区を対象として，この人口増加の内訳を詳細に分析して，増加に占める社会増加の寄与およびこの社会増加に占める転入者の増加による寄与と転出者の減少による寄与を明らかにしたい。また，こうした人口増加による都心地区住民の属性の時間的変化についても検討する。

第3章では，上記の人口再集中化の受け皿となったといえる1990年代後半以降の都心地区におけるマンション立地の急増状況を資料に基づいて検討し，次にこのマンション急増の諸要因とメカニズムについて，社会的・経済的な情勢の変化および諸制度の面などから多面的に考察する。

第2部は「大都市圏におけるマンション居住と居住地選好」についての下記の3つの章から構成されている。

はしがき　　iii

　第4章においては，都心地区における人口の再集中化に寄与した住民の実態把握を目的として，大阪市の都心地区に新しく立地した4つの分譲マンションの居住者へのアンケート調査を行った。この調査によって，居住世帯の家族構成，前居住地，世帯主の年代などの諸属性，都心地区のマンション住戸を購入した理由，さらに現在のマンション居住の満足度と定住意識などを明らかにする。

　第5章では，京阪神大都市圏の郊外都市として大阪府北部地域（北摂地域）の都市を選定して，そこに新規に立地した4つの分譲マンションの居住者を対象とするアンケート調査の結果を分析し，上記の第4章と同様にマンション購入の理由や居住満足度・定住意識などについて明らかにし，郊外都市において新規に立地したマンション居住者の実態把握をする。さらに，第4章の大阪市都心地区マンションの居住者との居住満足度や定住意識などの差異の有無を検討し，次に郊外都市の新規分譲マンション居住者の郊外居住を選好した理由について考える。

　第6章では，上記の第4章と第5章で述べた都心地区と郊外都市のマンション居住者の居住満足度・定住意識を参考にして，少子高齢化と経済低成長の持続を前提とした今後の日本の大都市圏における居住地選好について世帯類型別に考察する。

　終章の前半では，本書の第1章から第6章の要約をするとともに，都心地区においてワンルーム・マンションが多い理由など，各章では言及できなかったことについても述べたい。後半においては，大都市都心地区における将来の新規のマンション立地の需要と供給について考察し，次に都心地区における望ましいマンションについて，およびマンション立地の社会的・地域的な影響について言及したい。

目　　次

はしがき …………………………………………………………………………………i

第1部　大都市都心地区の変容とマンション立地 …………1

第1章　3大都市の都心地区における20世紀後半の機能的変容… 3

はじめに ………………………………………………………………………… 3

第1節　機能的変容の量的把握方法と変容の概観……………………………… 3

　1）機能的変容の量的把握方法　　3

　2）変容の概観－就従比の変化－　　4

第2節　職業別就業者数からみた変容…………………………………………… 5

　1）東京区部における変化　　5

　2）大阪市における変化　　8

　3）名古屋市における変化　　9

　4）本節のまとめ　　10

第3節　建物の用途別床面積からみた変容……………………………………… 12

　1）東京区部における変化　　12

　2）大阪市における変化　　17

　3）名古屋市における変化　　19

　4）本節のまとめ　　20

第4節　東京，大阪，名古屋の都市間の差異についての考察…………… 21

　1）都市間の差異と都市階層　　21

　2）住居系用途地域における事務所立地と都市政策　　22

vi　目　次

第2章　6大都市の中心区における人口再集中化と住民属性の変化…25

は じ め に ………………………………………………………………… 25

第1節　分析対象とする中心区の選定と概要……………………………… 25

第2節　中心区における人口と従業地就業者数の変化…………………… 27

　1）中心区における人口の変化と都市階層との関係　27

　2）従業地就業者数の変化　29

第3節　中心区における人口の社会動態…………………………………… 31

　1）人口動態の転換期　31

　2）社会動態の分析　33

　3）転入者数の増加とバブル経済崩壊後のマンション供給　35

第4節　中心区における世帯数の変化……………………………………… 35

　1）核家族世帯数の変化　35

　2）単独世帯数の変化　36

　3）世帯数の変化から推定した人口増加の内訳 38

第5節　中心区における男女別・年代別人口の変化……………………… 39

　1）男女別・年代別人口の変化　39

　2）転入者の男女別・年代別人口の分析　39

第6節　本章の要約………………………………………………………… 42

第3章　大都市都心地区におけるマンション立地の急増とその要因…47

は じ め に ………………………………………………………………… 47

第1節　大都市都心地区におけるマンション立地………………………… 47

　1）マンションの立地動向　47

　2）新設マンションの従前の土地利用など　50

第2節　タワーマンションの増加…………………………………………… 52

　1）超高層のタワー型マンションの事例概要　52

　2）タワーマンションの特徴　54

第3節　東京都心地区における新設マンション住民の属性……………… 54

第4節　大都市都心地区におけるマンションの立地増加の社会・経済的背景…57

　　1)　マンションの立地増加の要因　57

　　2)　都心地区居住志向の社会・経済的背景　57

第5節　本章の要約……………………………………………………………　63

第2部　大都市圏におけるマンション居住と居住地選好…65

第4章　大都市都心地区における新規マンション居住者の
　　　　居住満足度と定住意識－大阪市の事例－ ………………………　67

は じ め に ……………………………………………………………………　67

第1節　調査の方法と回答世帯の概要………………………………………　68

　　1)　調査の方法と調査対象マンション　68

　　2)　回答世帯の概要　69

　　3)　分析の方法　72

第2節　マンションの購入理由と近隣地区の環境評価……………………　73

　　1)　マンションの購入理由　73

　　2)　マンションと近隣地区の環境の問題点　76

第3節　居住満足度について…………………………………………………　78

　　1)　マンションの住み心地　78

　　2)　近隣地区の住環境・生活の利便性の満足度　79

　　3)　東京都心地区のマンション居住者との比較　80

　　4)　マンションと近隣地区についての要望事項　81

第4節　定住意識と転居予定世帯の分析 ……………………………………　82

　　1)　定住意識と世帯の属性　82

　　2)　転居を考慮中の世帯　84

　　3)　転居予定世帯の分析　86

第5節　本章の要約……………………………………………………………　89

viii　目　　次

第5章　大都市圏の郊外都市における新規マンション居住者の
　　　　居住満足度と定住意識－大阪府北部地域の事例－ ………… 93

はじめに ……………………………………………………………… 93

第1節　調査の方法と回答世帯の概要……………………………… 94

　1）調査対象地域の概要と調査対象地域のマンション　94

　2）調査対象マンションの概要と調査の方法　95

　3）回答世帯の概要　98

第2節　分析の方法と大阪市都心地区マンションの回答世帯との比較… 101

第3節　マンションの購入理由と大阪府北部地域を選択した理由……… 102

　1）マンションの購入理由　102

　2）一戸建て住宅を考慮の有無　105

　3）大阪府北部地域を選好した理由　106

第4節　マンションと近隣地区の環境の問題点と居住満足度…………… 107

　1）マンションと近隣地区の環境の問題点　107

　2）マンションの居住満足度　110

第5節　定住意識についての分析…………………………………… 112

　1）定住意識と転居理由　112

　2）大阪市都心地区マンションとの差異　113

第6節　本章の要約………………………………………………… 114

　1）大阪市都心地区マンションとの相違点の要約　114

　2）大都市圏における居住地選好　116

第6章　大都市圏における新時代の居住地選好…………………… 119

はじめに ……………………………………………………………… 119

第1節　都心地区と郊外都市におけるマンション居住者の居住意識の比較… 120

　1）調査対象マンションと回答世帯の概要　120

　2）前居住形態が「持ち家一戸建て」世帯の属性　120

　3）主要な結果　123

目　次　ix

　　　4）要　　約　　127

　第 2 節　大都市圏における新時代の居住地選好－世帯類型別の考察－ ……128

　　　1）居住地選好を考える際の前提条件と世帯の類型　　128

　　　2）居住地選好の観点と選好する居住地・居住形態　　129

　第 3 節　本章の要約 ………………………………………………………132

終　　章 ……………………………………………………………………135

　は じ め に ………………………………………………………………135

　第 1 節　本書の第 1 部と第 2 部の要約 …………………………………135

　　　1）第 1 部の要約　　135

　　　2）第 2 部の要約　　138

　第 2 節　大都市都心地区における新時代のマンション立地 ……………140

　　　1）大都市都心地区におけるマンションの需要と供給　　140

　　　2）望ましい都心地区マンションについて　　143

　　　3）都心地区におけるマンション立地の社会的・地域的影響　　145

　付表　本書の内容に関係する社会・経済的事項と政策的事項の年表 ……148

あ と が き ………………………………………………………………149

参 考 文 献 ………………………………………………………………151

索　　引 …………………………………………………………………165

第1部　大都市都心地区の変容とマンション立地

第1章　3大都市の都心地区における 20世紀後半の機能的変容

は じ め に

　第二次世界大戦後の高度経済成長期以降の日本の3大都市（東京, 大阪, 名古屋）の都心地区における主要な変化は, 常住人口の減少と雇用（従業地就業者数）の増加およびこれと関連する諸変化である。景観的な面からみたおもな変化は, 一戸建て住宅やアパートなどの住宅または工場や商店が取り壊されてその跡地にオフィスビル, 商業ビル, 雑居ビルなどの中高層の建築物が建設されたことである。こうした変化を都市機能の変化という観点から量的に把握することが本章の目的である。

　都市の機能はさまざまなであるが, 大きくは居住機能と業務機能に大別される。さらに業務機能は, 業務の内容から就業者の産業別あるいは職業別に分けることができる。これらについての量的な把握は, 資料の制約もあって既存の研究ではほとんどなかった。本章ではこのことを勘案して, 1970〜90年の期間について, 従業地ベースの職業別就業者数と建物の用途別床面積の2つを指標として量的な変化を明らかにする。これらの変化のなかで, 都心地区の機能的な変化としてとくに重要であるオフィス機能の変化, すなわちホワイトカラー雇用の変化とオフィス床面積の増加について明らかにしたい。そして, この結果を分析して3大都市間の差異の検討およびこの差異の要因について考察する。

第1節　機能的変容の量的把握方法と変容の概観

1）機能的変容の量的把握方法

　本章の東京（23区）, 大阪, 名古屋の3大都市の都心地区などの地区区分は表1-1のとおりである。

　都心地区のおもな業務機能の量的変化の把握という目的から, 分析対象とし

4   第 1 章　3 大都市の都心地区における 20 世紀後半の機能的変容

表 1-1　3 大都市の行政区による地区区分

東京区部	都心区	千代田区，中央区，港の 3 区.
	都心周辺区	新宿区，文京区，台東区，渋谷区．豊島区の 5 区.
	周辺区	都心区と都心周辺区を除く東京区部.
	周辺区計	都心区を除く東京区部.
大阪市	都心区	北区，中央区，西区の 3 区.
	都心周辺区	福島区，天王寺区，浪速区，東成区の 4 区.
	周辺区	都心区と都心周辺区を除く大阪市.
	周辺区計	都心区を除く大阪市.
名古屋市	都心区	中村区と中区の 2 区.
	周辺区	都心区を除く名古屋市.

た職業は，職業大分類のなかの専門的・技術的職業従業者（専門・技術職と略す，以下同様），事務従業者（事務職），販売従業者（販売職），技能工・生産工程作業者（技能・生産職）の 4 つとした。これら 4 つ以外の職業は，その就業者数が都心地区では少ないという理由で分析対象外とした。本章の表 1-3 から表 1-9 に記載の就業者総数は，上記の 4 つの職業以外の就業者を含む総数である。なお，本章の職業別就業者のデータはすべて常住地ベースではなく従業地ベースである。

　建物の用途別床面積のデータは，住居機能も含めた都市機能の量を把握する資料として有効である。ある機能（用途）に用いられる建物床面積が多ければ，その機能量も多いとみなしてよいからである。これに用いた資料の詳細については，第 3 節で述べる。

2) 変容の概要－就従比の変化－

　東京，大阪，名古屋の 3 都市の地区別の就従比を算出した表 1-2 からわかることは，次の 4 つにまとめることができる。同表に記載の就従比は居住機能と業務機能の比を把握する簡便な指標である。

（1）都心区の就従比は 3 都市ともに上昇した。なかでも東京都心区では，1970 年の 7.5 から 1990 年には 15.7 ときわめて大きな上昇を示した。これは従業地就業者総数が 65 万人増加したのに対し，常住地就業者総数が 8 万人減少した結果である（表 1-3 参照）。大阪と名古屋の都心区の就従比の増加は東京と比べるとわずかである。

（2）東京と大阪の都心周辺区の就従比も上昇したが，都心区の上昇を大きく下回っている。この結果，両都市ともに都心区と都心周辺区の就従比の差は拡大した。

第2節 職業別就業者数からみた変容 5

表1-2 3都市における就従比の推移

		1970年	1980年	1990年
東京	都心区	7.48	10.46	15.73
	都心周辺区	1.49	2.01	2.77
	周辺区	0.86	0.87	0.86
	東京区部	1.31	1.48	1.63
	周辺地域	0.80	0.77	0.76
大阪	都心区	6.05	6.87	9.57
	都心周辺区	1.73	2.03	2.19
	周辺区	0.98	1.00	0.98
	大阪市	1.56	1.72	1.83
	周辺地域	0.78	0.77	0.78
名古屋	都心区	2.50	3.33	3.93
	周辺区	0.97	0.97	0.95
	名古屋市	1.20	1.26	1.27
	周辺地域	0.92	0.89	0.88

出典:国勢調査報告および富田・菅谷(1995)により作成.
(注1) 就業比は「従業地就業者総数 / 常住地就業者総数」
(注2) 周辺地域は各都市圏の周辺地域. ただし, 大阪の
場合は京阪神の周辺地域.

(3) 周辺区の就従比は, 3都市ともにほとんど変化はなかったので, 周辺区では居住機能と就業機能の比重関係での変動はなかったといえる. 各都市の周辺区における就従比とその大都市圏周辺地域[1]の就従比との差は, 1970年と1990年ともに小さい.

(4) 以上のことから, 東京, 大阪, 名古屋の3都市に共通していることは, 都心区における就従比の増大が顕著であったこと, 周辺区における変化は小幅であったこと, および都心区と周辺区の差は拡大したことの3つである. 都市間の差異として特徴的なことは, 東京においては都心区と都心周辺区における就従比の上昇が, 他の2都市より突出して大きいことである.

第2節 職業別就業者数からみた変容

1) 東京区部における変化

(1) 職業別就業者数の変化

1970年代と1980年代の従業地による就業者総数の増加は, 23区を区分した3つの地区のなかで都心区が最多であり, 就業者総数は都心区に絶対的に集中した

6　第1章　3大都市の都心地区における20世紀後半の機能的変容

表1-3　東京区部における職業別従業地就業者数の推移

			専門・技術	事務	販売	技能・生産	就業者総数	常住地就業者総数
都心区	実数 （千人）	1970	180	669	265	209	1,726	231
		1980	209	750	349	232	1,959	187
		1990	348	889	502	221	2,381	151
	増加数 （千人）	1970〜80	29	81	84	23	233	△44
		1980〜90	139	149	153	△12	421	△36
	増加指数	1970〜90	1.93	1.33	1.89	1.06	1.38	0.65
都心周辺区	実数 （千人）	1970	128	271	224	269	1,177	792
		1980	177	345	283	255	1,359	676
		1990	291	467	367	256	1,697	613
	増加数 （千人）	1970〜80	48	74	60	△14	182	△116
		1980〜90	114	122	83	1	338	△63
	増加指数	1970〜90	2.27	1.72	1.64	0.95	1.44	0.77
周辺区	実数 （千人）	1970	226	469	430	1,200	2,972	3,452
		1980	277	521	496	976	2,915	3,363
		1990	408	648	518	929	3,170	3,682
	増加数 （千人）	1970〜80	50	52	66	△224	△57	△89
		1980〜90	131	127	22	△47	256	319
	増加指数	1970〜90	1.81	1.38	1.2	0.77	1.07	1.07
区部計	実数 （千人）	1970	535	1,409	919	1,679	5,875	4,476
		1980	663	1,617	1,129	1,464	6,234	4,226
		1990	1,047	2,015	1,387	1,406	7,249	4,446
	増加数 （千人）	1970〜80	128	207	210	△215	359	△250
		1980〜90	384	398	258	△58	1,015	220
	増加指数	1970〜90	1.96	1.43	1.51	0.84	1.23	0.99

出典：国勢調査報告より作成.
（注）△はマイナス.

といえる（表1-3）。4つの職業のなかで，都心区において増加数が最多の職業は70年代と80年代ともに販売職である。都心区における雇用増加の中心は，一般的には事務職と考えられているが，販売従事者の方が多かったのである。販売職に次いで増加数が多かったのは事務職である。

　都心周辺区は1970年代，1980年代ともに事務職の増加数が最も多かった。1970年は技能・生産職が最多であったが，1980年と90年には事務職が最多となった。都心周辺区における従業地就業者のホワイトカラー化が大きく進展したことが明らかである。

　周辺区における1970年代の特徴的な変化は，技能・生産職の大幅な減少（22万人）である。これは同地区内の工場の閉鎖，移転，縮小によるところが大きい。

第2節 職業別就業者数からみた変容　7

表1-4　東京区部における職業別従業地就業者の構成比率（%）

		専門・技術	事　務	販売	技能・生産	ホワイトカラー	就業者総数
	都心区	10.4	38.8	15.4	12.2	60.5	100.0
1970	都心周辺区	10.9	23.0	19.0	22.9	41.7	100.0
	周辺区	7.6	15.8	14.5	40.4	29.4	100.0
	周辺地域	7.7	14.5	11.8	39.4	26.3	100.0
	都心区	14.6	37.4	21.1	9.3	60.2	100.0
1990	都心周辺区	17.1	27.5	21.6	15.1	51.0	100.0
	周辺区	12.9	20.4	16.3	29.3	38.2	100.0
	周辺地域	13.6	19.2	14.0	32.9	36.6	100.0

出典：国勢調査報告より作成.
（注1）周辺地域は東京大都市圏における周辺地域.
（注2）ホワイトカラーは専門・技術職，事務職および管理職の計.
　　　なお，管理職の比率の記載は省略した（表1-6と表1-8も同じ）.

この減少の影響を受けて，販売職などの従事者の増加にもかかわらず，就業者総数では5.7万人減となった。1980年代には，技能・生産職の減少を大きく上回る専門・技術職と事務職の増加があったので，総数では25.6万人の増加に転じた。

（2）職業別就業者の構成比率の変化

　従業地による職業別就業者の構成比率の変化（1970年，1990年）とその地区間の差は，次のとおりである。なお表1-4ではホワイトカラー（専門・技術職，事務職および管理職の合計）の比率も算出した。

　東京の3つのいずれの地区においても技能・生産職の比率が低下し，（都心区の事務職を例外として）専門・技術職，事務職，販売職の比率が上昇した。都心区のホワイトカラー比率は両年次ともに約60%であるが，他の2つの地区では同比率が大幅に増えた。この結果，都心区と都心周辺区のホワイトカラー比率の差は大幅に縮小した。とくに，1990年の都心周辺区の同比率は後述する大阪市都心区のそれと同じとなったことが注目される。すなわち，表1-1に記載の新宿区，渋谷区，豊島区など5つの東京都心周辺区における全業務機能に占めるホワイトカラー機能の比重は，大阪都心地区と同水準となったのである。

　東京23区の周辺区と東京圏周辺地域との間の構成比率の差は，両年次ともに小さい。換言すれば，東京周辺区は大都市圏の中心市に含まれるが，その職業構造はその外側に位置する周辺地域とほぼ同じである。

8 第1章 3大都市の都心地区における20世紀後半の機能的変容

表1-5 大阪市における職業別従業地就業者数の推移

			専門・技術	事　務	販　売	技能・生産	就業者総数	常住地就業者総数
都心区	実数（千人）	1970	67	304	184	132	896	148
		1980	77	318	223	133	946	138
		1990	134	361	287	129	1,099	115
	増加数（千人）	1970〜80	11	14	40	1	49	△ 10
		1980〜90	56	42	63	△ 5	152	△ 23
	増加指数	1970〜90	2.00	1.19	1.56	0.98	1.23	0.78
都心周辺区	実数（千人）	1970	20	61	57	93	293	170
		1980	23	61	62	73	272	135
		1990	32	67	64	65	277	127
	増加数（千人）	1970〜80	3	△…	5	△ 20	△ 20	△ 35
		1980〜90	8	6	1	△ 7	4	△ 8
	増加指数	1970〜90	1.60	1.10	1.12	0.70	0.95	0.75
周辺区	実数（千人）	1970	70	167	169	527	1,166	1,190
		1980	81	163	188	400	1,046	1,049
		1990	114	198	187	371	1,078	1,104
	増加数（千人）	1970〜80	11	△ 3	19	△ 126	△ 119	△ 141
		1980〜90	32	34	△ 1	△ 29	31	55
	増加指数	1970〜90	1.63	1.19	1.11	0.70	0.92	0.93
大阪市計	実数（千人）	1970	157	532	410	753	2,356	1,508
		1980	183	543	474	607	2,265	1,321
		1990	281	626	537	566	2,455	1,345
	増加数（千人）	1970〜80	26	11	65	△ 146	△ 90	△ 187
		1980〜90	97	83	63	△ 42	189	24
	増加指数	1970〜90	1.79	1.18	1.31	0.75	1.04	0.89

出典：国勢調査報告より作成.
（注1）△はマイナス.
（注2）…は400人以下.

2）大阪市における変化

（1）職業別就業者数の変化

　都心区において増加数が最多の職業は，1970年代と1980年代ともに販売職である（表1-5）。これは東京都心区と同じである。表1-5のデータに基づいて大阪市全体の販売職増加数に対する地区別寄与率を算出したところ，3つの地区の中で都心区の寄与率が1970年代と80年代ともに最大であった。とくに80年代の寄与率は100％（6.3万人）と高かった。事務職の地区別増加寄与率も，両年代ともに都心区が最多であった。

　都心周辺区では1970年代に技能・生産職が減少し，事務職も微減であった。

第 2 節　職業別就業者数からみた変容　　9

表 1-6　大阪市における職業別従業地就業者の構成比率（%）

		専門・技術	事　務	販　売	技能・生産	ホワイトカラー	就業者総数
1970	都心区	7.5	33.9	20.4	14.7	51.4	100.0
	都心周辺区	6.8	20.8	19.5	31.7	35.8	100.0
	周辺区	6.0	14.3	14.5	45.2	25.7	100.0
	周辺地域	7.0	12.8	11.6	43.3	23.6	100.0
1990	都心区	12.2	32.8	26.1	11.7	51.6	100.0
	都心周辺区	11.6	24.2	23.2	23.5	42.1	100.0
	周辺区	10.6	18.4	17.3	34.4	33.7	100.0
	周辺地域	12.5	17.6	14.4	36.3	33.7	100.0

出典：国勢調査報告より作成.
（注 1）周辺地域は京阪神圏における周辺地域.
（注 2）ホワイトカラーは専門・技術職，事務職および管理職の計.

しかし，80 年代には専門・技術職と事務職の増加が技能・生産職の減少分を上
回り，就業者総数では若干の増加に転じた。周辺区の主要な変化は，1970 年代
における約 13 万人の技能・生産職の減少である。80 年代においても技能・生産
職の減少は続いた。これに対して，事務職は 1970 年代の減少から，80 年代には
増加に転じた。この周辺区における事務職の増加数は，同期間の大阪都心区にお
ける事務職増加数の 8 割に相当する。

（2）職業別就業者の構成比率の変化

　3 つの地区に共通する変化は，専門・技術職と販売職の比率が増加し，技能・
生産職の比率は低下したことである（表 1-6）。事務職は，都心区においてのみ
若干の比率低下が認められる。これは東京の場合と同じである。

　ホワイトカラー比率の変化をみると，都心区を除く 2 つの地区においては大幅
に上昇したことがわかる。この点も東京と同様である。大阪市周辺区と（京阪神
大都市圏）周辺地域のホワイトカラー比率の差は，1970 年においてもわずかで
あったが，1990 年にはこの差はなくなった。

3）　名古屋市における変化

（1）職業別就業者数の変化

　都心区においては技能・生産職を除く 3 つの職業就業者は増加した（表 1-7）。
4 つの職業のなかで最多の就業者はいずれの年次も事務職である。しかし，最も
増加数が多かった職業は，1970 年代と 80 年代ともに販売職であり，これと事務

10 第1章 3大都市の都心地区における20世紀後半の機能的変容

表1-7 名古屋市における職業別従業地就業者数の推移

			専門・技術	事　務	販　売	技能・生産	就業者総数	常住地就業者総数
都心区	実数(千人)	1970	24	114	82	73	379	152
		1980	32	127	96	68	409	123
		1990	54	144	120	68	465	118
	増加数(千人)	1970～80	8	13	15	△4	30	△29
		1980～90	21	16	23	△1	55	△5
	増加指数	1970～90	2.25	1.26	1.46	0.93	1.23	0.78
周辺区	実数(千人)	1970	60	136	118	355	838	863
		1980	82	156	146	310	870	896
		1990	116	191	157	314	958	1,005
	増加数(千人)	1970～80	21	20	27	△45	32	33
		1980～90	35	35	12	4	88	109
	増加指数	1970～90	1.93	1.40	1.33	0.88	1.14	1.16
名古屋市計	実数(千人)	1970	84	250	200	428	1,217	1,015
		1980	114	283	242	378	1,279	1,019
		1990	170	335	277	382	1,423	1,123
	増加数(千人)	1970～80	29	33	42	△49	62	4
		1980～90	56	52	35	3	144	104
	増加指数	1970～90	2.02	1.34	1.39	0.89	1.17	1.11

出典：国勢調査報告より作成.
（注）△はマイナス.

職就業者数との差は縮小した。周辺区における就業者数が最多の職業は，いずれの年次においても技能・生産職である。これは東京と大阪市の周辺区と同じである。

（2）職業別就業者の構成比率の変化

　大きな変化がみられたのは，周辺区における技能・生産職比率の低下とホワイトカラー比率の上昇である（表1-8）。このような変化の結果，都心区と周辺区間のこれらの比率の差は1970～90年に縮小した。また，周辺区と（名古屋大都市圏）周辺地域におけるホワイトカラー比率の差も縮小した。

4）本節のまとめ

　東京，大阪，名古屋の3都市における1970～90年の従業地による職業別就業者数の主要な変化は以下のとおりである。

　①　就業者総数は東京と大阪において絶対的にまた相対的に都心区に集中した。とくに東京都心区における集中が顕著であった。これは都心区の就従比の上昇にも表れており，住居機能の大幅な減少と業務機能の急増があったことが

第2節　職業別就業者数からみた変容　11

表1-8　名古屋市における職業別従業地就業者の構成比率（%）

		専門・技術	事　務	販　売	技能・生産	ホワイトカラー	就業者総数
1970	都心区	6.3	30.3	21.6	19.3	44.2	100.0
	周辺区	7.2	16.2	14.1	42.4	28.4	100.0
	周辺地域	5.2	12.8	10.6	46.3	18.8	100.0
1990	都心区	11.6	31.0	25.8	14.6	47.9	100.0
	周辺区	12.1	19.9	16.4	32.8	36.5	100.0
	周辺地域	10.2	16.0	11.2	44.7	29.4	100.0

出典：国勢調査報告より作成.
（注1）周辺地域は名古屋圏における周辺地域.
（注2）ホワイトカラーは専門・技術職，事務職および管理職の計.

わかる。

②　事務職が都心区から空間的に拡散したのは東京と名古屋である。東京の場合は，とりわけ都心周辺区における事務職の増加が多く，ホワイトカラー比率が大幅に上昇した。これとは対照的に，大阪都心周辺区では，就業者総数の減少などがみられた。

③　都心区における就業者総数の増加に最大の寄与をしたのは販売職であり，これに次ぐのが事務職であった。販売職は3都市ともに都心区に相対的に集中した。この職業大分類の販売職の集中について，小売業の集中と同義であるかどうかを検討するために職業中分類での分析を行った。その結果，この集中に大きく寄与したのは，販売店員や小売店主などの商品販売従事者ではなく，証券業外交員，銀行外務員，各種保険の代理人・外交員などの販売類似職業従事者であることが推定された。したがって，都市機能的には都心区への小売業の集中というよりは，金融・保険業および証券業の営業機能を中心とする準オフィス機能が都心区に集中したといえよう。

④　東京と大阪の周辺区とその大都市圏周辺地域との間の1970年代以降の就従比やホワイトカラー比率などの差はわずかである。すなわち，大都市圏のなかで従業地による職業構造の点からみて，都心区と都心周辺区のみがきわめて特異であること，そしてそれはより強くなったことが明らかである。

12　第1章　3大都市の都心地区における20世紀後半の機能的変容

第3節　建物の用途別床面積からみた変容

　建物の用途別床面積のデータは，住居機能も含めた都市機能の量を把握する資料として有効である。ある機能（用途）に用いられる建物床面積が多ければ，その機能量も多いとみなしてよいからである。ただし後述するように，実際の用途が，本章で用いた資料と異なる場合があること，また現実の事務所や住宅には空室があることなど，現実の正確な機能量を把握する観点からはいくつかの問題もある。

　本章での建物の用途別床面積の集計は，各都市の家屋に対する固定資産課税資料によった。この資料は，建物が新増築されたときに，建築確認申請書や建物の外観調査などによって用途別の床面積を集計したものである。しかし，実際の用途が課税資料と違う場合もある。というのは，この資料では新増設されたときに定められた用途は，その後に実際の用途が変わっても変更はされないからである[2]。また，官公庁などの固定資産税が非課税の建物の床面積は含まれていない。なお，集計の仕方や用途区分は都市によって違いがある。その一例は，大阪市では非木造の事務所と店舗は区別して集計されているが，名古屋市では事務所と店舗は区別されていない。

　本節における都市内の地区区分も表1-1のとおりである。ただし，大阪市の場合は，都心区と周辺区計の2区分であり，都心周辺区についての集計はしていない。

1)　東京区部における変化

(1) 変化の概観と地区別シェアの変化

　a. 変化の概観　表1-9に示した東京区部における1972〜95年の増加指数が最大の用途は，事務所・銀行（以下では，事務所と略す）である。これに次いで，店舗等（店舗，百貨店など）と住宅・アパート（住宅と略す）の増加指数が高い。

　区部全体の事務所床面積の増加状況を検討するために，時期別に年平均の床面積増加量を算出した。この結果は次のとおりである。1972〜82年：153ヘクタール（以下，ha），1982〜85年：100ha，1985〜92年：300ha，1992〜95年：435ha。このことから，1980年代後半以降に事務所床面積の増加が著しいことが

第3節　建物の用途別床面積からみた変容　13

表 1-9　東京区部における用途別床面積の推移

			住宅・アパート	事務所・銀行	店 舗 等	工場・倉庫	計
都心区	絶対量 (ha)	1972	880	1,321	288	332	3,000
		1995	1,392	3,589	388	258	6,022
	増加量 (ha)	1972 ～ 82	312	798	64	35	1,228
		1982 ～ 92	169	1,076	30	△ 87	1,341
		1992 ～ 95	31	394	6	△ 22	453
	増加指数	1972 ～ 95	1.58	2.72	1.35	0.78	2.01
都心周辺区	絶対量 (ha)	1972	2,609	337	241	242	3,618
		1995	4,170	1,646	497	221	6,844
	増加量 (ha)	1972 ～ 82	829	425	174	18	1,435
		1982 ～ 92	612	545	38	△ 31	1,278
		1992 ～ 95	120	339	44	△ 8	513
	増加指数	1972 ～ 95	1.60	4.88	2.06	0.91	1.89
周辺区	絶対量 (ha)	1972	9,821	393	265	2,074	12,909
		1995	19,260	1,802	620	2,666	24,846
	増加量 (ha)	1972 ～ 82	4,626	304	147	278	5,314
		1982 ～ 92	3,511	535	147	186	4,561
		1992 ～ 95	1,301	571	61	127	2,062
	増加指数	1972 ～ 95	1.96	4.59	2.34	1.29	1.92
東京区部	絶対量 (ha)	1972	13,310	2,050	794	2,649	19,527
		1995	24,822	7,037	1,505	3,145	37,712
	増加量 (ha)	1972 ～ 82	5,766	1,527	385	331	7,977
		1982 ～ 92	4,293	2,156	215	67	7,179
		1992 ～ 95	1,452	1,304	111	97	3,028
	増加指数	1972 ～ 95	1.86	3.48	1.90	1.19	1.93

出典：『東京の土地　1995』『東京都市白書'94』などにより作成.
(注 1) 1982 年と 1992 年の絶対量および用途が「その他」のデータの記載は省略した.
(注 2) △はマイナス.

明らかである。この区部における増加の要因として，オフィス就業者の 1 人当たりの床面積の増加やオフィス就業者の増加が指摘されている [3]。

　区部における住宅床面積の年平均増加量は，1972 ～ 82 年：577ha, 1982 ～ 92 年：429ha, 1992 ～ 95 年：484ha である。この変化から住宅床面積の増加量についての一定の方向性は認められない。ところが，これを事務所床面積の増加と比べると相対的に減少してきていることが明白である。事務所床面積の年平均増加量を 1.0 とした場合の住宅床面積の増加量は，1972 ～ 82 年は 3.8, 1982 ～ 92 年は 2.0, 1992 ～ 95 年は 1.1 と大きく低下してきているのである。

　b. 地区別シェアの変化　　1972 年の区部における事務所床面積の 64% を都心区が占めていたが，1995 年には 51% に低下した（表 1-10）。換言すれば，事務

14 第1章 3大都市の都心地区における20世紀後半の機能的変容

表1-10 東京区部における用途別床面積の地区別シェア (%)

		住宅・アパート	事務所・銀行	店 舗 等	工場・倉庫	計
1972	都心区	6.6	64.4	36.3	12.5	15.4
	都心周辺区	19.6	16.4	30.3	9.1	18.5
	周辺区	73.8	19.2	33.4	78.4	66.1
	東京区部	100.0	100.0	100.0	100.0	100.0
1995	都心区	5.6	51.0	25.8	8.2	16.0
	都心周辺区	16.8	23.4	33.0	7.0	18.1
	周辺区	77.6	25.6	41.2	84.8	65.9
	東京区部	100.0	100.0	100.0	100.0	100.0

出典：表1-9と同じ.
(注) 用途が「その他」の記載は省略.

所床面積の23区内での拡散傾向は，前述したホワイトカラーのそれと同じように明瞭である．店舗等の床面積も同様である．

　都心周辺区においては，都心区とは異なり，事務所と店舗等の床面積のシェアが上昇した．とくに事務所のシェアの上昇は7ポイントと大きい．事務所と店舗等のシェアの増加は周辺区においてもみられる．以上のように，区部における事務所と店舗等の床面積の都心区からの空間的分散傾向が明らかである．

(2) 地区別増加寄与率

　a. 事務所床面積　　1972～82年における事務所床面積の増加に対する都心区の寄与率が52%，都心周辺区のそれは28%，周辺区は20%であった（表1-11）．1982～92年においても，これとほぼ同じ地区間の差がある[4]．ところが，1992～95年には都心区の寄与率は30%に低下し，周辺区の寄与率が大幅に増加し，3つの地区で最大の寄与率（44%）となった．しかし，すべての周辺区において増加が多かったのではなく，特定の区における増加が著しかった．すなわち，周辺区に属す品川区と江東区における増加量が大きく，両区のそれは周辺15区計の増加の42%にあたる571haであった．両区の増加は，その臨海部や埋立地における事務所立地の影響が大きいと考えられる．また，両区での事務所建設が多い理由として，両区には大きな工場や倉庫の敷地の所有者に法人が多いことが指摘されている（児玉，1990）．

　b. 住宅床面積・．店舗床面積　　住宅床面積の地区別の増加寄与率は周辺区において80%以上と高く，都心区ではわずかである．周辺区の寄与率は増加傾向にあり，1992～95年には90%となった．店舗床面積の増加に対する都心区の

第3節　建物の用途別床面積からみた変容　15

表 1-11　東京区部における用途別床面積の地区別増加寄与率（%）

		住宅・アパート	事務所・銀行	店　舗　等	工場・倉庫	計
1972〜82年	都心区	5.4	52.2	16.6	10.6	15.4
	都心周辺区	14.4	27.8	45.2	5.4	18.0
	周辺区	80.2	19.9	38.2	84.0	66.6
	東京区部	100.0	100.0	100.0	100.0	100.0
1982〜92年	都心区	3.9	49.9	14.0	△127.9	18.7
	都心周辺区	14.3	25.3	17.7	△4.6	17.8
	周辺区	81.8	24.8	68.4	277.6	63.5
	東京区部	100.0	100.0	100.0	100.0	100.0
1992〜95年	都心区	2.1	30.2	5.4	△22.7	15.0
	都心周辺区	8.3	26.0	39.6	△8.2	16.9
	周辺区	89.6	43.8	55.0	130.9	68.1
	東京区部	100.0	100.0	100.0	100.0	100.0

出典：表 1-9 と同じ.
（注 1）　△はマイナス.
（注 2）　用途が「その他」の記載は省略.

表 1-12　東京区部における建物床面積の用途別増加寄与率（%）

		住宅・アパート	事務所・銀行	店　舗　等	工場・倉庫	その他	計
1972〜82年	都心区	25.4	65.0	5.2	2.9	1.5	100.0
	都心周辺区	57.8	29.6	12.1	1.2	0.7	100.0
	周辺区	87.1	5.7	2.8	5.2	△0.8	100.0
	東京区部	72.3	19.1	4.8	4.1	△0.4	100.0
1982〜92年	都心区	12.6	80.2	2.2	△6.5	11.4	100.0
	都心周辺区	47.9	42.6	3.0	△2.4	8.8	100.0
	周辺区	77.0	11.7	3.2	4.1	4.0	100.0
	東京区部	59.8	30.0	3.0	0.9	6.2	100.0
1992〜95年	都心区	6.9	87.2	1.3	△4.9	9.5	100.0
	都心周辺区	23.4	66.3	8.6	△1.6	3.1	100.0
	周辺区	63.1	27.7	3.0	6.2	0.1	100.0
	東京区部	48.0	43.1	3.7	3.2	2.0	100.0

出典：表 1-9 と同じ.
（注）　△はマイナス.

寄与率は，1972 〜 82 年と 1982 〜 92 年には 14 〜 16％であったが，1992 〜 95 年にはわずかに 5.4％となった.

（3）用途別増加寄与率

地区別に算出した建物床面積の増加総量に対する用途別寄与率の時間的変化を検討した結果は，以下のとおりである（表 1-12）.

都心区における事務所用途の寄与率は，1972 〜 82 年には 65％であったが，

16　第1章　3大都市の都心地区における20世紀後半の機能的変容

1992〜95年には87%となった。これに対して，同地区における住宅用途の寄与率は1972〜82年の25%から1992〜95年には7%と大きく低下した。住宅床面積の増加量の低下傾向も著しく，1972〜82年は312haの増加であったが，1992〜95年にはわずか31haとなった。このように，都心区における1992〜95年の増加床面積のほとんどは事務所用途となった。

　都心区における住宅床面積の総量は1972の880haから92年には58%増の1,392haに増えたが，都心区内の定住人口は大幅に減った[5]のはなぜだろうか。その大きな理由として，増加した住宅床面積が居住用に利用されるのではなく業務用に利用されるという実態がある。

　東京都心3区のマンションを対象とした調査によれば，戸数比では約半数の住戸が事務所など非住宅用途に転用されている。マンションの所有形態別にみると，分譲マンションでは約6割が非住宅用途であった（東京都住宅局総務部住宅政策室編，1992：133）。このことから，住宅床面積が増加してもその増加が人口増加に結びついていないことがわかる。またこの調査結果から，都心区における小規模な事務所スペースに対する需要が多いことも明白である。

　都心周辺区においても住宅用途の寄与率は徐々に低下しており，かわりに事務所の寄与率が増加している。1972〜82年の事務所の寄与率は30%であったが，1992〜95年には66%と倍増した。

　周辺区における用途別寄与率はいずれの期間も住宅用途が最大であるが，この寄与率は低下傾向を示している。これに対して，事務所の寄与率は増加している。1972〜82年には住宅の寄与率は87%であったが，1992〜95年には63%となり，逆に事務所は6%から28%に増加したのである。

（4）構成比率の変化

　上述の時間的変化の結果，表1-13のように，東京都心区における総床面積に対する事務所床面積の比率は1972年の44%から1995年には70%に増加した。これに対して，住宅と工場・倉庫の比率はともに6〜7ポイント低下した。このような構成比率の変化からみても，都心地区における土地利用のオフィス化の進展が顕著であったことがわかる。

　前述のマンションのオフィス利用の調査結果を参考にして，都心区における1995年の住宅床面積の3割が実態として事務所用途であると仮定して，都心区

第3節　建物の用途別床面積からみた変容　　17

表1-13　東京区部における用途別床面積の地区別増加寄与率（%）

		住宅・アパート	事務所・銀行	店　舗　等	工場・倉庫	その他	計
都心区	1972	29.3	44.0	9.6	11.1	6.0	100.0
	1995	23.1	59.6	6.4	4.3	6.6	100.0
都心周辺区	1972	72.1	9.3	6.7	6.7	5.2	100.0
	1995	60.9	24.1	7.3	7.2	4.5	100.0
周辺区	1972	76.1	3.0	2.1	16.1	2.7	100.0
	1995	77.5	7.3	2.5	10.7	2.0	100.0
東京区部	1972	68.2	10.5	4.1	13.6	3.7	100.0
	1995	65.8	18.7	4.0	8.3	3.2	100.0

出典：表1-9と同じ.

の用途別床面積を算出すると，住宅比率は16.2%，事務所比率は66.5%となる。本章で用いた資料では含まれていない官公庁の事務所面積も勘案すると，事務所比率は70%を超えると推定される。これに対して，住宅比率は10%程度と推定される。

　都心周辺区でも上記の都心区と同様の変化が認められる。すなわち，事務所の構成比率は上昇し，住宅比率は低下した。とりわけ，事務所比率の上昇が著しかった。都心区との大きな違いは，同地区は1995年においても住宅の比率が61%と高いことである。

　周辺区における事務所面積の比率は1972年の3.0%から4ポイントほど増加して1995年には7.3%となったが，住宅の構成比率にはほとんど変化がない。したがって，同地区では1992～95年の事務所床面積の増加量は東京都心区よりも多かったが，それが建物総床面積に占める比重は1995年においてもなお小さい。

2)　大阪市における変化

(1)　都心区のシェアの変化

　大阪市都心区の1980～95年における事務所床面積の対大阪市シェアはほとんど変わらず60%である（表1-14）。したがって，東京都心区とは異なり，事務所床面積が都心区から外側の地区へ拡散したとはいえない。これに対して店舗の都心区シェアは8ポイント低下し，空間的拡散傾向が認められる。

(2)　用途別床面積の変化

　大阪市の1980～95年の事務所床面積は増加傾向が続いた（表1-15）。すなわち，1980～90年の年平均増加量は69haであったが，1990～95年には104haに増加

18　第 1 章　3 大都市の都心地区における 20 世紀後半の機能的変容

表1-14　大阪市における用途別床面積の都心区のシェア（%）

	木造住宅	非木造住宅	住 宅 計	非 木 造	
				事 務 所	店 舗
1980 年	4.7	14.0	7.8	66.4	59.6
1995 年	4.5	15.3	10.8	66.0	51.4

出典：大阪市財政局の固定資産概要調書（家屋）により作成.
（注）大阪市に対する都心区のシェア.

表1-15　大阪市における用途別床面積の推移

			木造住宅	非木造住宅	住 宅 計	非 木 造	
						事 務 所	店 舗
都心区	絶対量 (ha)	1980	164	244	408	1,003	299
		1990	158	572	730	1,468	360
		1995	136	637	773	1,792	378
	増加量 (ha)	1980 ～ 90	△ 7	328	322	465	60
		1990 ～ 95	△ 22	65	43	324	18
	増加指数	1980 ～ 95	0.83	2.61	1.89	1.79	1.26
周辺区計	絶対量 (ha)	1980	3,307	1,502	4,809	508	203
		1990	3,042	2,888	5,930	730	277
		1995	2,887	3,509	6,396	925	357
	増加量 (ha)	1980 ～ 90	△ 265	1,386	1,121	222	74
		1990 ～ 95	△ 155	621	466	195	80
	増加指数	1980 ～ 95	0.87	2.34	1.33	1.82	1.76
大阪市	絶対量 (ha)	1980	3,471	1,746	5,217	1,511	502
		1990	3,200	3,460	6,660	2,198	637
		1995	3,023	4,146	7,168	2,717	735
	増加量 (ha)	1980 ～ 90	△ 271	1,714	1,442	687	134
		1990 ～ 95	△ 177	686	509	519	99
	増加指数	1980 ～ 95	0.87	2.37	1.37	1.8	1.46

出典：表 1-14 と同じ.
（注）△はマイナス.

した。これに対して非木造住宅の床面積の増加量は低下した。

a. 都心区における変化　床面積の増量が最大の用途は一貫して事務所である。また，都心区においても上記の大阪市全体の変化と同様に，事務所床面積の増加傾向が強まった。事務所についで増加量が多いのは非木造住宅である。ところが，この床面積の年平均増加量は，1980 年代の 33ha から 1990 ～ 95 年には 13ha と大幅に減少した。店舗の場合も同様である。

前述のことから，大阪市都心区においては 1980 年代には事務所のほかにマンション建設も多かったが，1990 ～ 95 年には事務所のみ増加が顕著になり，事務

第3節　建物の用途別床面積からみた変容　19

表1-16　名古屋市における用途別床面積の都心区のシェア（％）

| | 木　　造 | | 非　木　造 | | | 木造・非木造 |
	住　宅	工　場	事務所・店舗	住宅・アパート	工場・倉庫	住宅・アパート
1981 年	13.7	12.6	55.3	12.4	12.2	13.2
1995 年	12.0	12.5	50.8	12.9	12.8	12.4

出典：名古屋市の課税資料より作成.
(注1)　表の最右列の「木造・非木造の住宅・アパート」は木造の住宅と非木造の住宅・アパートの計である.
(注2)　名古屋市に対する都心区のシェア.

所以外の用途のマンションなどの建設はきわめて少なくなったと要約できる.

　b.　周辺区計における変化　　周辺区における増加量が最大の用途は 1980 年代と 1990 〜 95 年ともに非木造住宅であり，大阪市全体の増加量に対する寄与率は高い（1990 〜 95 年では91％）。周辺区の事務所床面積の増加量もかなり多いが，その寄与率は低い（1990 〜 95 年では 38％）。周辺区のなかで事務所床面積が多いのは新大阪駅がある淀川区である。これは新大阪駅周辺地区ではオフィスビルが多く立地したためである。

3)　名古屋市における変化

(1) 都心区のシェアの変化

　名古屋市全体に対する都心区の事務所・店舗のシェアは 1981 〜 95 年に少し低下したので，若干の都心区からの空間的拡散が生じたといえる（表 1-16）。使用した資料では事務所と店舗が区別されていないので，事務所床面積が拡散したかどうかの断定はできない。

(2) 用途別床面積の変化

　a.　都心区における変化　　1981 〜 91 年と 1991 〜 95 年の両期間において，床面積の増加量が最大であったのは事務所・店舗である（表 1-17）。1991 〜 95 年の年平均増加量は，1981 〜 91 年のそれの約 2 倍の 34ha である。事務所・店舗と木造・非木造の住宅・アパート（以下，住宅と略す）の床面積の絶対量を比較すると，1981 年には後者のほうが多かったが，1995 年には前者のほうが後者を上回った。この変化から，名古屋市の場合も，都心区全体としては居住機能の相対的な低下，事務所機能を中心とする業務機能の上昇があったことが明らかである。

20　第1章　3 大都市の都心地区における 20 世紀後半の機能的変容

表1-17　名古屋市における用途別床面積の推移

			木造		非木造			木造・非木造
			住　宅	工　場	事務所・店舗	住宅・アパート	工場・倉庫	住宅・アパート
都心区	絶対量 (ha)	1981	403	18	531	188	154	591
		1991	373	12	707	338	192	710
		1995	344	9	843	408	206	752
	増加量 (ha)	1981〜91	△41	△6	176	150	28	119
		1991〜95	△29	△3	136	70	14	42
	増加指数	1981〜95	0.85	0.5	1.59	2.17	1.34	1.27
周辺区計	絶対量 (ha)	1981	2,546	125	430	1,333	1,109	3,879
		1991	2,578	81	628	2,229	1,285	4,808
		1995	2,533	63	818	2,747	1,405	5,290
	増加量 (ha)	1981〜91	32	△44	198	896	176	929
		1991〜95	△45	△18	190	518	120	482
	増加指数	1981〜95	0.99	0.50	1.90	2.06	1.27	1.36
名古屋市	絶対量 (ha)	1981	2,049	143	961	1,521	1,263	4,470
		1991	2,951	93	1,335	2,567	1,477	5,518
		1995	2,877	72	1,661	3,165	1,611	6,042
	増加量 (ha)	1981〜91	2	△50	374	1,046	214	1,048
		1991〜95	△74	△21	326	588	134	524
	増加指数	1981〜95	0.98	0.50	1.73	2.08	1.28	1.35

出典：表 1-16 と同じ.
（注 1）表の最右列の「木造・非木造の住宅・アパート」は木造の住宅と非木造の住宅・アパートの計である.
（注 2）△はマイナス.

b. 周辺区における変化　　周辺区で増加量が最多の用途は，両期間ともに非木造の住宅（ほとんどはマンションと考えられる）である。この増加量は名古屋市全体の増加の 9 割近くを占めている。木造と非木造をあわせた住宅床面積の年平均増加量は，両期間でみると増加傾向にある。したがって，周辺区では住居機能の増加傾向が認められる。非木造の住宅についで，増加量が多いのは事務所・店舗である。しかし，その増加量は同地区の非木造の住宅のそれと比較するとわずかである。

4）本節のまとめ

本節で述べた諸変化の要点は，以下のとおりである.

①　東京区部における事務所床面積の増加量は 1980 年代後半以降に急増した[6]。大阪市でも同様の傾向が認められるが，東京との増加量の差は大きく，この差は 1990 年前半に拡大した[7]。これは東京一極集中による一面である。こ

うした都市間の差によって，事務所床面積のストックからみた東京，大阪，名古屋の3都市間の格差は一層拡大した。

② 都心区における1990年代前半の事務所床面積の増加量は，それ以前と比べると著しいことは3都市に共通している。これに対して，住宅床面積の増加量は東京と大阪の都心区ではきわめて少なくなった。すなわち，都心区では業務機能の顕著な進展があったのに対して，住居機能は大きく低下したのである。

③ 周辺区における住宅床面積の対中心都市の増加寄与率が高いことは3都市に共通している。また，周辺区では事務所床面積の増加量が1990年以後に多くなったことも3都市に共通している。これはとくに東京周辺区で顕著であり，1992～95年の増加量は都心区のそれを上回った。この結果，事務所床面積の都心区から周辺区への拡散傾向が明白となった。しかし，大阪市や名古屋市ではこの傾向は認められない。このことも，東京における事務所面積への需要が大きくまた事務所の集積量がきわめて多いことに基づくといえる。これも基本的には前述の東京一極集中の影響および東京の世界都市化の進展の結果であり，他の日本の大都市との大きな違いである。

第4節　東京，大阪，名古屋の都市間の差異についての考察

1) 都市間の差異と都市階層

本章の分析結果の要点は，既述の第2節と第3節の2つの「本節のまとめ」のとおりである。既述の都市間の差異とその要因の要約は次のとおりである。

①東京の都心周辺区における事務所床面積の急増と就従比の上昇とこれに対する大阪市の同地区の動向は大きく異なる。②都心区や市域全体における事務所床面積の増加量には3都市間の差が大きい。

上記の2つの差異の要因は，基本的には3都市間の都市階層の違いといえるが，これには1970年代以降の90年代初頭までの日本の産業構造・職業構造の変化とも関連した中枢管理機能やホワイトカラー雇用の全国における空間的展開（東京一極集中など），さらに東京の世界都市化の進展が大きく影響している。

22   第1章　3大都市の都心地区における20世紀後半の機能的変容

2）住居系用途地域における事務所立地と都市政策

　本章のおわりにあたり，都市内の事務所立地と用途地域制度および都市政策との関係について論じたい。

（1）住居系用途地域における事務所立地

　住居系用途地域における事務所立地についての東京区部の調査結果は次のとおりである。東京の中心8区内で1986〜91年に増加した事務所床面積のうち，住居系用途地域（住居専用地域と住居地域）において増加した同床面積の割合は12％であった（東京都都市計画局総合計画部都市整備室編，1996）。また，上記の8区内で1981〜86年にオフィス以外の建物用途から転換してオフィスとなった約581ha（敷地面積）の従前の用途地域のなかで，住居系用途地域の占める割合は17％であったが，1986〜91年には29％に増加した（東京都都市計画局総合企画部都市整備室編，1991a：72）。

　このような住居系用途地域における事務所立地が可能であったのは，すべての事務所の建築が禁止されている「第1種住居専用地域」に指定されていた面積が少なかったためである。すなわち，東京都心4区（本章の都心3区と新宿区）内のこの面積は，都心4区の合計面積のわずか2％にすぎなかった（東京都都市計画局総合企画部都市整備室編，1991b：45）。

　住居系用途地域における事務所立地は，程度の差はあれ，他の2都市においてもみられる。このような事務所立地が定住人口の減少をもたらした一因である。実際に，東京都心部の1980年代後半における事務所の増加量と夜間人口の減少を町丁別に調べた結果，人口減少が著しい町丁と事務所増加が多かったそれと同一であることが見出されている（東京都都市計画局総合企画部都市整備室編，1991a：75-78）。

（2）都市政策と事務所立地

　1992年に都市計画法と建築基準法が改定され，用途地域制度の変更があった。旧制度では事務所立地が全面的に禁止されていた地域は「第1種住居専用地域」のみであったが，新制度におけるこれと同様の事務所立地禁止地域は「第1種住居専用地域（低層住居専用地域）」と「第1種中高層住居専用地域」[8]の2種となった。各都市はこの新用途地域制に基づいて1996年6月までに地域の指定替えを

第4節　東京，大阪，名古屋の都市間の差異についての考察　23

行った．この指定替え後の，3都市における上記の事務所立地禁止地域である
2種の地域の合計面積とその都市の全面積に対する割合は，東京区部：22,700ha，
39％，大阪市：353ha，1.7％，名古屋市：6,140ha，20.4％である[9]。

　大阪市では上記のように当該面積がきわめて少ないが，これには次の2つのこ
とが関係している。1つは，旧制度における事務所立地禁止地域である「第1種
住居専用地域」に指定されていた地域は市内にはなかったことである。いま1つ
は，旧「第2種住居専用地域」を，床面積1,500m^{2}以下の事務所が一定の条件で
建築可能な「第2種住居専用地域」とすることを基本方針としたからである（小高，
1996）。要するに，大阪市では旧制度において事務所立地禁止地域の指定はなく，
1992年の改定にあたっても事務所立地を禁止する地域指定をしなかったのであ
る。これに対して東京都は，区部における小規模事務所の建築が可能な旧「第2
種住居専用地域」のほとんどを事務所立地禁止地域である「第1種中高層住居専
用地域」に指定した[10]こともあって，当該面積が広くなったのである。

　こうした両都市における都市計画・都市政策の差異には，住居系用途地域に
おける事務所立地による人口減少の深刻さの違いも影響していると考えられる
が，都市内の土地利用・機能立地についての基本的な政策の違いがその根底にあ
る[11]。大阪市の場合，市内全域におけるさらなる事務所立地の促進を図る政策
をとったのであり，その背景には市内の新規の事務所立地による法人税収の増加
への期待があったと考えられる。

（注）

(1)　大都市圏の周辺地域の範囲は1980年における5％通勤圏である（富田・菅谷，
　　1995を参照）．

(2)　住居用途であるマンションの一部が，実際には事務所などに利用されている場合も，
　　そのマンションの課税資料上の用途は住宅のままである．

(3)　要因は時期による違いがあることが指摘されている（東京都都市計画局総合企画
　　部都市整備室編，1994：125-126）．すなわち，1975～80年はオフィス従業者の1人
　　当たりの床面積の増加要因が最大であるが，1980～85年は従業者の増加によるとこ
　　ろが大きく，オフィス従業者率の増加要因もかなり大きい。1985～90年にはオフィ
　　ス従業者の1人当たりの床面積の要因が最大である．

24　第1章　3大都市の都心地区における20世紀後半の機能的変容

(4) 1982〜92年において事務所床面積が100ha以上の増加を示した7つの区とその増加量は次のとおりである（東京都企画審議室調査部編, 1996）. 港区：456ha, 千代田区：369ha, 中央区：252ha, 新宿区：171ha, 渋谷区：122ha, 豊島区：112ha, 品川区：102ha. これらの7区のなかで, 増加量が上位の3つの区は都心区であり, これに続いて増加量が多い3区は都心周辺区に属す. 7区のなかで周辺区に属す区は品川区のみである.

(5) 都心3区の常住地人口は1970年の40.2万人から1990年の26.3万人と, 13.9万人減少した. 減少率は35%である.

(6) 1980〜89年に東京区部で増加した事務所床面積（1,506ha）は, 1989年におけるすべての東京圏業務核都市（横浜市, 川崎市, 千葉市などの7市）の事務所床面積のストック（1,540ha）とほぼ同じであった（東京都都市計画局総合企画部編, 1990）。

(7) 1980年の大阪市の事務所床面積は名古屋のそれの1.7倍, 東京区部の同面積は大阪市の2.2倍であったが, 1995年には大阪市のストックは名古屋市の1.9倍, 東京区部のストックは大阪市の2.9倍になった.

(8) 新用途地域制では, 特別用途地区の1つとして中高層住居専用区が新設された. これは住宅と店舗・事務所が併存する都心周辺部において, 中高層の建物を建てようとするときに中高層部分は住宅に限定するという立体的な用途規制であり（小高, 1996）, これによって都心周辺部に住宅供給を増加させようとするものである.

(9) 3つの都市における「第1種住居専用地域」と「第1種中高層住居専用地域」の面積は次のとおりである. 東京都区部：12,300ha, 10,400ha, 大阪市：0ha, 353ha, 名古屋市：5,201ha, 939ha。

(10) 東京都区部における旧用途地域の「第2種住居専用地域」は11,900haであり, このなかで「第1種中高層住居専用地域」には10,400haが指定された（東京都都市計画局総合計画部都市整備室編, 1996）.

(11) 大阪市よりも住居系用途地域における事務所立地による人口減少は少ないと考えられる名古屋市では, 旧「第2種住居専用地域」の面積の約4割が「第1種中高層住居専用地域」に指定された. このことから旧「第2種住居専用地域」の「第1種中高層住居専用地域」への指定替えに際しての都市間の違いは, 都市間のオフィス集積量に基づく都市の階層とは関係なく, その都市の居住地と従業地に関する政策の違いによるといえる.

第2章 6大都市の中心区における人口 再集中化と住民属性の変化

は じ め に

　日本の大都市都心地区における20世紀後半の最大の変化は，常住人口の一貫した減少である。この人口減少は，都心地区からその都市の郊外を中心とした地区外への転居者数の増加によるところが大きい。人口減少が続く地方自治体のなかには，人口回復政策として住宅附置制度などの政策をとる自治体もあったが，大きな成果はなかった自治体が多い。

　しかし，1990年代後半から東京都心地区などにおいては人口が増加し始めた。この増加は1955年頃から約40年間続いた上記の人口減少と明らかに異なる増加現象である。本書ではこの人口増加を「人口再集中化」という。これは1960年代以降続いた大都市の都心地区における人口減少の傾向が大転換したことを意味する。

　本章は，この人口再集中化についてとくに下記のことを研究目的としている。

　①東京，大阪，名古屋の3大都市以外の大都市も含む6つの大都市の中心区における1960年代以降の人口の変化から人口再集中化が認められるかどうかを検討し，さらにこの人口変化の内訳を人口の自然動態と社会動態に分けて詳細に分析する。

　②「人口の再集中化」による都心地区住民の属性の変化を明らかにするために，中心区における核家族世帯数や単独世帯数，および住民の男女別の年齢構成の変化について検討する。

第1節　分析対象とする中心区の選定と概要

　分析対象とする大都市とその中心区は，表2-1に記載の仙台市青葉区を除く6つの大都市の行政区（札幌市中央区，東京都中央区，名古屋市中区，京都市中京

26　第2章　6大都市の中心区における人口再集中化と住民属性の変化

表 2-1　7大都市の中心区の面積と人口密度

	面　積 (km²)	人口集中地区 面積（km²）	人　口　密　度 (人/km²)	
	1990 年	1990 年	1990 年	2005 年
札幌市中央区	46	23	3,861	4,369
仙台市青葉区	302	30	860	930
東京都中央区	10	10	6,704	9,694
名古屋市中区	9	9	7,033	7,557
京都市中京区	7	7	12,829	13,839
大阪市中央区	9	9	6,403	7,525
福岡市中央区	15	15	9,266	11,022

出典：東洋経済新報社「地域経済総覧」により作成.

区，大阪市中央区，福岡市中央区）である.

　表 2-1 の 6 つの行政区はその属する都市（東京は特別区）のなかで，中心業務地区と中心商業集積地区の土地利用の面で最も都心地区的な行政区とされている区である.

　大都市のなかで神戸市，北九州市および仙台市の中心区を分析対象としなかった理由は，次のとおりである.神戸市の中心区である中央区は 1991 年の阪神・淡路大震災による常住人口への影響があることを考慮し，北九州市の場合は，最も都心地区的な 1 つの行政区を選定することが困難であるために対象から除外した.仙台市青葉区は，他の中心区と大きく異なり，その面積は東京都中央区や大阪市中央区の 30 倍ほどもあり，人口集中地区の面積割合が 10％と少なく，区全体の人口密度もきわめて低い（表 2-1）.換言すれば，青葉区は大都市の都心地区的な土地利用の面積が少なく，住宅専用地区的な空間が区の多くの面積を占めている.したがって，青葉区全体としては中心区とはいえないという理由から，分析対象としなかった.

　なお，札幌市中央区の人口集中地区の面積割合は 50％であり，他の中心区のそれ（100％）の半分である（表 3-1）.また，人口密度もかなり低い.このように札幌市中央区は上記の仙台市青葉区ほどではないが，都心地区的ではない住宅地域もかなり含んでいる.このことが，同区の人口変化が，他の大都市の中心区と異なることに影響していることもある.以下本書では，表 3-2 に記載の仙台市青葉区を除く 6 つの都心的な行政区を，6 大都市の中心区または 6 中心区という.

第 2 節　中心区における人口と従業地就業者数の変化　27

表 2-2　6 大都市の中心区における人口推移と増加率

	人口 (1,000 人)							増加率（%）			
	1960 年	1970 年	1980 年	1990 年	1995 年	2000 年	2010 年 (注 1)	1970 ～ 80 年	1980 ～ 90 年	1990 ～ 2000 年	2000 ～ 10 年
札幌市中央区	－	205	182	179	172	181	220 (107)	△ 11.5	△ 1.4	1.2	21.5
東京都中央区	161	104	83	68	64	73	123 (76)	△ 20.4	△ 17.7	6.6	69.4
名古屋市中区	114	86	67	66	62	65	78 (68)	△ 22.8	△ 1.1	△ 1.8	21.2
京都市中京区	164	130	106	95	91	95	105 (64)	△ 18.8	△ 10.6	0.4	10.8
大阪市中央区	133	88	64	57	53	55	79 (59)	△ 27.4	△ 11.3	△ 2.7	42.4
福岡市中央区	－	133	124	140	139	152	178 (134)	△ 7.1	13.5	8.1	17.7

出典：各年の国勢調査報告などにより作成.
注（1）2010 年の括弧内は 1960 年または 1970 年に対する 2010 年の指数.
　　　 札幌市と福岡市は 1970 年に対する 2010 年の指数.
注（2）網掛けは各区における人口最少年次を表す.
注（3）「－」はデータがないことを表す.
注（4）△はマイナス.

第 2 節　中心区における人口と従業地就業者数の変化

1）中心区における人口の変化と都市階層との関係

（1）人口の変化

　表 2-2 に記載の 6 中心区における人口の変化（1960 ～ 2010 年）をみると，1960 ～ 95 年においては福岡市中央区 [1] を除く中心区において人口が大幅に減少したことが明らかである。6 中心区における人口減少（1960 ～ 95 年）をみると，東京都中央区と大阪市中央区では，1995 年の人口は 1960 年のそれの 40%まで減少した（表 2-2 より算出）。名古屋市中区と京都市中京区の同割合は 55%である。これらの中心区の常住人口は，1960 年以後の約 35 年間で半減したのである。とりわけ，後述するように都市階層が上位の東京や大阪市の中心区における人口減少率は高かったことが明らかである。

　ところが，6 中心区における 1995 年以後の人口動態は大きく変化し，それ以前の人口減が人口増に大転換したのである。つまり，国勢調査年の 1995 年がすべての中心区における 1960 年以降の人口変動の転換年であり，これ以後に人口の再集中化が認められるのである。それも 5 年間というような短期間ではなく，1995 年以降 2010 年までの 15 年間持続的に人口が増加しているのである。しかし，東京，大阪，名古屋の中心区の人口回復率（2010 年の人口／ 1960 年の人口）を

28 第2章 6大都市の中心区における人口再集中化と住民属性の変化

表2-2から算出すると，それぞれ76%，59%，68%であり，1960年の人口水準を回復したとはいえない。

いずれの中心区でも，とくに2000〜2010年の人口増加率が高いが，中心区間でのこの増加率の差は大きい。東京都中央区は69.4%，大阪市中央区は42.4%というきわめて高い増加率であるが，札幌市と名古屋市の中心区のそれは21%ほどであり，京都市中京区では10.8%，福岡市中央区では17.7%と10%台であった。このような中心区間の増加率の差に関しては，下記のような都市の階層との関連性が認められる。

（2）人口の変化と都市階層との関係

本章で分析対象とした6つの大都市は，中枢管理機能の集積量と人口規模の観点から次のように4つの階層に区分できる[2]。第1階層：東京，第2階層：大阪，第3階層：名古屋，第4階層：京都，札幌，福岡。

この都市階層が上位の都市の中心区では前述のように，2000〜10年の人口増加率が高いのである。とりわけ第1階層の東京都中央区における1995年以降の増加は突出している。1995年の人口は6.4万人であったが2010年には12.3万人と，わずか15年間で約2倍になった。同区の人口は2007年に10万人を超えたが，これは1976年以来31年ぶりのことであった。これに次ぐ増加は第2の都市階層である大阪市の中央区であり，1995年の5.3万人から2010年には7.9万人と1.5倍に増加した。これに対して，階層が低い京都市と福岡市の中心区の増加率は，既述のように相対的に低い。

また既に指摘したように，階層が上位の都市である東京と大阪市の中心区における人口減少（1960〜95年）は著しく，前記の東京→大阪→名古屋→京都，札幌，福岡という都市階層とこの減少率との関係が密接である。このような1960〜2010年の人口動向の基本的なメカニズムについて，階層が最上位の東京を念頭において仮説的に考えたものが図2-1である。この図の要点は次のとおりである。

上位階層の都市は都市的産業の集積の利益が大きく，その都心地区では日本の経済成長に伴って業務地化の進展が著しいので，中心区人口の減少は顕著である。集積が大きいのでその反作用としての分散の力もまた大きく，人口の郊外化は著しく通勤圏は広くなる。また，都心地区の従業者数は多いので同地区への遠距離通勤者数も多い。換言すれば都心地区への居住の潜在的な需要は多いので，バブ

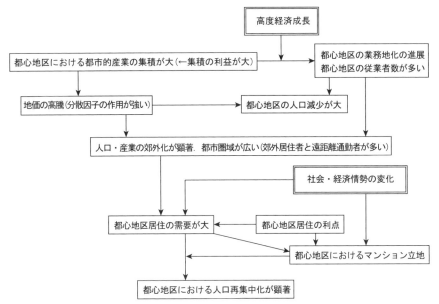

図 2-1　都心階層が上位の大都市都心区における人口動向のメカニズム
出典：著者作成．

ル経済崩壊後の社会・経済情勢の変化を背景とする同地区におけるマンション供給の増大による人口の再集中化も顕著である．このマンション供給の増大の要因については第3章で論じる．

都市階層が低い都市では都心地区における都市的機能の集積は相対的に小さく，通勤圏も狭くまた都心地区居住の需要も多くはない．これらのことから，都心地区の人口減少は比較的少なく，また人口の再集中化も顕著ではない．このように，1960～95年の人口減少率と1995年以降の人口増加率の2つは，都市階層との関係が密接であるといえる．なお，日本の大都市圏における人口と諸産業の郊外化の進展と都市階層との関係は明らかである（富田，1995：87）．

2）従業地就業者数の変化

(1) 従業地就業者数の変化

中心区における従業地就業者数は（表2-3には記載してないが）1960年代以

30　第2章　6大都市の中心区における人口再集中化と住民属性の変化

表2-3　6大都市の中心区における従業地就業者数の推移と増加率

	従業地就業者数　（千人）					増加数（千人）	増加率　（%）			
	1990年	1995年	2000年	2005年	2010年（注1）	1990～2010年	1990～1995年	1995～2000年	2000～2005年	2005～2010年
札幌市中央区	293	293	278	269	249(85)	△ 44	0.0	△ 5.1	△ 3.2	△ 7.4
東京都中央区	716	671	614	596	551(76)	△ 165	△ 6.3	△ 8.5	△ 3.0	△ 7.6
名古屋市中区	297	310	299	285	247(83)	△ 50	4.2	△ 3.5	△ 4.7	△ 13.3
京都市中京区	118	116	106	104	96(81)	△ 22	△ 1.4	△ 8.5	△ 2.0	△ 7.7
大阪市中央区	543	539	485	458	414(76)	△ 129	△ 0.8	△ 9.9	△ 5.7	△ 9.6
福岡市中央区	189	200	195	194	182(96)	△ 7	6.0	△ 2.3	△ 0.7	△ 6.2

出典：国勢調査報告により作成.
注（1）2010年の括弧内は1990年に対する2010年の指数.
注（2）△はマイナス.

降に大幅に増加した [3] が，1990年以降に減少傾向が認められる（表2-3）．とりわけ1995～2010年までの15年間は，6つの中心区すべてで従業地就業者数は一貫して減少した．

　福岡市中央区を除く5つの中心区では，2010年の従業地就業者数は1990年より15%以上減少した．したがって，これらの中心区における減少は，特定の中心区あるいはその中心区が属する個別都市の経済・産業的な理由で生じたのではないことが明らかである [4]．なかでも，この減少幅が大きかったのは都市階層が上位の東京と大阪市の中心区であり，1990～2010年の減少率はともに24%である．

　このような中心区における従業地就業者数の減少は，1950年代以降初めてのことである．1990～2005年のこの減少の要因として，バブル経済崩壊後の経済不況の影響が大きいとされているが，詳細な研究は進んでいない．

（2）昼夜間人口比率の変化

　前述のような人口と従業地就業者数の変化を受けて，表2-4に示したように1990年以後の中心区の昼夜間人口比率は低下しつづけた．とくに東京都中央区の比率は1990年の1,107から2010年には350と激減した．これは，業務機能すなわち従業地機能がかなり大きく減少し，居住機能は著しく増大したことによる．換言すれば，中心区全体の機能の大きな変化が生じたのである．大阪市中央区の昼夜間人口比率も大幅に低下した．名古屋市中区は東京中央区と大阪市中央区に次ぐ低下である．これに対して，札幌，京都，福岡の中心区の昼夜間人口比率の

第 3 節　中心区における人口の社会動態　31

表 2-4　昼夜間人口比率の推移

	1990 年	2000 年	2005 年	2010 年
札幌市中央区	222	217	195	108
東京都中央区	1,107	898	659	350
名古屋市中区	512	557	495	246
京都市中京区	176	166	157	120
大阪市中央区	1,030	947	762	475
福岡市中央区	196	186	179	125

出典：各年の国勢調査などにより作成.
（注 1）昼間人口は，常住人口（夜間人口）から，他の市区町村への通勤・通
　　　学者を差し引き，他の市区町村からの通勤・通学者を加えたもの.
（注 2）昼夜間人口比率＝（昼間人口／夜間人口）×100.

低下はわずかである。以上のことから，中心区間の昼夜間人口比率の変化に関し
ても，前記のような都市の階層との関連性が明らかである。この関連性は，階層
が高い都市ほどその中心区では雇用の減少が大きく，マンション供給量が多かっ
たことを意味するものといえる。

第 3 節　中心区における人口の社会動態

1）人口動態の転換期

　本節では，先述の 1991 年以降の 6 中心区における人口動態の内訳を，社会動
態と自然動態に分けて詳細に分析する。表 2-5 は，バブル経済の頂点である 1991
年以降，データが得られた最新の年次である 2010 年までの期間について，各中
心区における 5 年間ごとの人口動態を自然動態と社会動態に分けて集計したもの
である。各期間の人口動態の要点は下記のとおりである。
（ i ）1991 〜 95 年は，6 つの中心区のすべてにおいて人口は減少した。この人
口減少はおもに社会動態（転入者数－転出者数）がマイナス，すなわち，人口の
転出が転入より多かったことによるものであり，人口の自然動態（出生者数－死
亡者数）がマイナスの寄与はわずかである。
（ ii ）1996 〜 2000 年は，すべての中心区において人口は増加した。前の期間の
減少から，一転して大きな変化が全中心区で生じたのである。これは社会動態が
プラスに転じたこと，すなわち人口の転入が転出より大幅に多かったことによる。
したがって，「すべての中心区において，1996 〜 2000 年が大きな人口動態の転

32　第 2 章　6 大都市の中心区における人口再集中化と住民属性の変化

表 2-5　6 大都市の中心区における人口の自然動態と社会動態

(100 人)

		1991 ～ 95 年	1996 ～ 2000 年	2001 ～ 05 年	2006 ～ 10 年
札幌市中央区	自然動態	15	9	3	2
	社会動態	-42	79	183	202
	計	-27	88	187	204
東京都中央区	自然動態	-5	-6	6	25
	社会動態	-40	84	180	201
	計	-44	78	186	226
名古屋市中区	自然動態	-3	-4	-6	-2
	社会動態	-39	8	28	49
	計	-42	4	21	47
京都市中京区	自然動態	-17	-13	-10	-9
	社会動態	-22	32	51	41
	計	-38	19	41	33
大阪市中央区	自然動態	-4	-6	-1	6
	社会動態	-27	22	105	121
	計	-32	16	104	128
福岡市中央区	自然動態	18	18	18	25
	社会動態	-23	99	106	74
	計	-5	117	124	99

出典：住民基本台帳人口要覧により作成.
(注 1) 自然動態は「出生者数 - 死亡者数」.
(注 2) 社会動態は「転入者数 - 転出者数」.

換期の始まりの期間」といえる。

　上記の社会動態を表 3-7 の転入者数と転出者数によって分析すると，1996 ～ 2000 年に社会動態が増加に転じたのは，前の期間よりも転入者数が大きく増加したことによるところが大きいことがわかる。

(ⅲ) 2001 ～ 05 年の期間も全部の中心区において人口は増加した。しかもすべての中心区のこの増加数は前の期間（1996 ～ 2000 年）のそれを上回っている。これらの人口増加への社会増加の寄与は，前の期間と同様にきわめて大きい。全部の中心区において社会動態の増加人数も前の期間を上回った。

(ⅳ) 2006 ～ 10 年の期間も全中心区において，社会増加数が多かったことによって人口は増加した。札幌市中央区，東京都中央区，名古屋市中区，大阪市中央区の 4 区では，2006 ～ 10 年の人口増加と社会増加は，上記の 4 つの期間のなかで最多であった。これらの中心区では 2006 ～ 10 年の期間，おもにマンションの新規供給によって転入者数が転出者数を大きく凌駕して社会増加数が多くなり，それが人口増加に大きく寄与したのである。

第 3 節　中心区における人口の社会動態　33

表 2-6　6 大都市の中心区における人口の社会動態（1991 年〜 2010 年）

（人）

	1991	1992	1993	1994	1995	1996	1997	1998	1999	2000
札幌市中央区	-982	-1,265	-1,552	-1,699	1,271	2,607	1,894	623	457	2,273
東京都中央区	-1,007	-1,088	-1,007	-465	-409	66	495	2,502	2,233	3,091
名古屋市中区	-942	-1,096	-829	-832	-235	-69	-35	455	324	120
京都市中京区	-746	-630	-831	-461	514	-233	594	648	910	1,285
大阪市中央区	-1,183	-436	-666	-378	-51	259	56	83	663	1,099
福岡市中央区	-1,280	-652	-655	-742	1,002	1,133	1,865	1,860	1,921	3,078
	2001	2002	2003	2004	2005	2006	2007	2008	2009	2010
札幌市中央区	3,206	4,740	3,517	3,117	3,732	3,195	3,497	3,514	3,580	2643
東京都中央区	2,536	3,358	2,901	4,669	4,566	2,618	4,209	3,017	2,897	2768
名古屋市中区	111	430	611	792	833	799	1,471	705	637	499
京都市中京区	972	885	2,270	709	305	520	643	1,395	516	770
大阪市中央区	2,561	1,250	2,157	2,135	2,403	2,130	1,383	1,985	2,339	1902
福岡市中央区	2,883	1,722	2,411	1,668	1,932	2,172	558	753	275	1737

出典：住民基本台帳人口要覧により作成.
（注）社会動態は「転入者数－転出者数」.

　上記の（ⅰ）〜（ⅳ）から，1990 年代後半から 2010 年までの大都市中心区における人口増加の中心は自然増加ではなく社会増加であること，およびこの社会増加は転入者の増加の寄与が大きく，転出者の減少の寄与は小さいことが明白である。

2) 社会動態の分析

(1) 社会動態の大転換

　次に，中心区における 1991 年以降の人口の社会動態を表 2-6 と表 2-7 に基づいて検討する。前述したように，すべての中心区において 1991 年以後続いてきた人口の社会減少が 1990 年代後半に社会増加に転換した。その転換年を表 2-6 でみると，札幌市中央区と福岡市中央区は 1995 年，東京都中央区と大阪市中央区は 1996 年，名古屋市中区は 1998 年，京都市中京区は 1997 年であり，これらの転換年以降の（資料が得られる最新の）2010 年まで，これら 6 つの中心区の人口は持続して社会増加を続けているのである。

　上記の転換年次と，先に述べた東京→大阪→名古屋→京都，札幌，福岡という都市階層との関係は認められない。すなわち，時期的に最も早く転換したのは 1995 年の札幌と福岡であり，最も遅かったのは 1998 年の名古屋市である。ここ

34　第2章　6大都市の中心区における人口再集中化と住民属性の変化

表 2-7　6大都市の中心区における転入・転出者数の推移

	転入者数（100人）				転出者数（100人）				社会動態（100人）			
	1991〜 1995年	1996〜 2000年	2001〜 2005年	2006〜 2010年	1991〜 1995年	1996〜 2000年	2001〜 2005年	2006〜 2010年	1991〜 1995年	1996〜 2000年	2001〜 2005年	2006〜 2010年
札幌市中央区	1,074	1,053	1,090	1,302	1,117	975	907	1,100	-42	79	183	202
東京都中央区	303	425	588	809	343	341	408	608	-40	84	180	201
名古屋市中区	287	323	357	500	326	315	329	451	-39	8	28	49
京都市中京区	293	354	381	449	315	322	330	407	-22	32	51	41
大阪市中央区	245	296	431	586	272	275	326	464	-27	22	105	121
福岡市中央区	818	913	970	995	841	815	864	921	-23	99	106	74

出典：住民基本台帳人口要覧により作成.

で重要なことは，1995年から1998年の4年間という短い期間において，6大都市のすべての中心区において人口の社会動態が減少から増加へと大転換したこと，そしてこの転換年以後，どの中心区においても例外なく，2010年まで社会増加は継続的に続いてきたという共通性である。

（2）転入者数と転出者数の推移

　表2-7は，表2-5と同じ時期区分で集計した中心区別の転入者数と転出者数である。この表によって，前述したように1991〜95年はいずれの中心区も社会動態はマイナスであったが，それ以降の期間はプラスに転じてそれが持続していることがわかる。

　転入者数の推移をみると，札幌市中央区を除く5つの中心区では，1991〜95年の期間以後，2006〜10年の期間まで転入者数が一貫して増加し続けていることが明らかである。とくに，顕著な増加を示したのは東京と大阪市の中心区である。東京都中央区の2006〜10年の転入者数は8.09万人であり，これは1991〜95年の転入者数の2.7倍の増加である。大阪市中央区では同じ期間に2.45万人から5.86万人へと2倍の増加を示した。名古屋市中区では2.87万人から74%増の5.0万人へと増加した。これらの中心区における転入者数はその区の人口を考慮するときわめて多い[5]。

　一方，転出者数の推移をみると，1991〜95年の期間以降に東京都中央区や大阪市中央区，名古屋市中区，京都市中京区では増加を続けている。東京都中央区は1991〜95年の転出者数：3.43万人から2006〜10年：6.68万人へと1.8倍に増加した。大阪市中央区は，2.72万人から4.64万人へと1.7倍に，そして名古屋市中区では3.26万人から4.51万人へと1.4倍に増えた。しかし，どの中心区に

おいてもこの増加は転入者数の増加ほど多くはない。したがって，東京の中心区など上記の4つの中心区における2006〜10年の著しい人口の社会増加は，それ以前よりも転出者数が減少したのではなく転入者数が増加したからといえる。

3）転入者数の増加とバブル経済崩壊後のマンション供給

上記第2節2）のように，1995年から1998年の4年間という短期間に，中心区への転入者数の増加を主因とする社会増加に基づく人口増加がすべての中心区において始まった。この転入者数の増加に大きく寄与したのは，中心区における新規のマンション供給である。このマンション供給の要因など詳細については，第3章の第4節で述べるが，東京都心3区におけるマンション供給戸数は1996年から急増し，とくに2000〜02年の供給戸数が多く，大阪市都心地区も同様であることが指摘されている（富田，2004a）。このように，1996年頃から東京以外の中心区でもマンション立地が多くなったことが転入者数の増加につながったと考えてよい。1996年頃から大都市中心区でマンション供給が多くなった理由は次のとおりである。

1991年がバブル経済の頂点であり，1992年から全国的な経済的不況と地価の下落が始まった。とりわけ東京をはじめとする大都市の都心地区における下落幅は大きかった。また，都心地区の企業保有地の放出もあり，マンション用地の供給が増えて，中心区においても一般勤労者が価格的に購入あるいは賃貸が可能なマンションの供給が活発になった。マンション供給事業者が用地を購入してマンションを建設し入居するまでの時間は，3年程度から6年程度の時間を要する。したがって，地価の下落が始まった1992年を起点年とすれば，1995年から1998年の4年間の間に，全国のすべての中心区において社会動態が減少から増加に転じたこととマンション供給とは密接に関連している。

第4節　中心区における世帯数の変化

1）核家族世帯数の変化

大都市の中心区における核家族世帯数と単独世帯数の時間的な変化は以下のとおりである。なお，本章での時間的な変化は1990年次と2010年次の比較によっ

36　第 2 章　6 大都市の中心区における人口再集中化と住民属性の変化

表 2-8　6 大都市の中心区における核家族世帯数の変化

	核家族世帯数			増加率（%）		増加数
	1990 年	2000 年	2010 年	1990〜2000 年	2000〜2010 年	1990〜2010 年
札幌市中央区	37,961	39,475	49,897	4.0	26.4	11,936
東京都中央区	14,496	16,818	29,204	16.0	73.6	14,708
名古屋市中区	12,348	12,293	13,075	-0.4	6.4	727
京都市中京区	18,329	19,470	21,875	6.2	12.4	3,546
大阪市中央区	11,633	11,472	14,853	-1.4	29.5	3,220
福岡市中央区	28,474	30,301	34,709	6.4	14.5	6,235

出典：各年の国勢調査報告などにより作成.
（注）核家族世帯は「夫婦とその子ども」世帯のほか「夫婦のみ, 男親と子ども, 女親と子ども」
　　　の世帯も含まれる.

ている。既述のような（1996 年以降の）人口再集中化による中心区住民の世帯
構成への影響を検討するために, 再集中化が始まる前の 1990 年と最新のデータ
が得られた 2010 年との比較を行ったのである。

　核家族世帯数の変化をみると, 1990 〜 2000 年は名古屋と大阪の 2 つの中心区
では減少したが, 2000 〜 10 年は大きく傾向が変わって, 全部の中心区において
増加に転じたことがわかる（表 2-8）。詳細にデータを分析すると, 1995 年まで
は核家族世帯は中心区から郊外などへの転出が多く, 逆に転入する核家族世帯は
少なかったが, 1995 年以降はこの傾向が逆転したことが推定された。

　したがって, 既述の 1996 〜 2010 年の人口増加に対するこの核家族世帯数の増
加による寄与も認められる。1995 年以前は, 中心区からの核家族世帯の転出数
は中心区への転入数より多かったが, これが逆転したと考えてよい。とりわけ東
京都中央区は 1995 年以後の核家族世帯数の増加数と増加率が著しい。2000 〜 10
年の増加率は 74%と高く, 2010 年の核家族世帯数は 1990 年の約 2 倍に増えた。
これに次いで増加率が高かった中心区は 20%台の大阪市中央区や札幌市中央区
である。このように, 東京の中心区のみ突出した高い核家族世帯数の増加率であっ
たことが注目される。

2）単独世帯数の変化

　単独世帯数の変化は, 上記の核家族世帯数の変化よりも著しい（表 2-9）。すな
わち, 全中心区において 1990 〜 2000 年に高い増加率を示し, 2000 〜 10 年の増
加率はさらにこれより高くなった。とりわけ東京, 大阪, 名古屋の都市階層が上

第4節 中心区における世帯数の変化 37

表 2-9 6大都市の中心区における単独世帯数の変化

	単独世帯数			増加率（%）		増加数
	1990 年	2000 年	2010 年	1990 ～ 2000 年	2000 ～ 10 年	1990 ～ 2010 年
札幌市中央区	36,704	41,164	65,429	12.2	58.9	28,725
東京都中央区	10,423	16,134	35,837	54.8	122.1	25,414
名古屋市中区	12,962	14,463	34,232	11.6	136.7	21,270
京都市中京区	13,404	19,356	30,215	44.4	56.1	16,811
大阪市中央区	11,418	14,604	31,773	27.9	117.6	20,355
福岡市中央区	32,952	47,521	67,499	44.2	42.0	34,547

出典：各年の国勢調査報告などにより作成.

表 2-10 6大都市の中心区における核家族世帯数と単独世帯数の割合の変化

	核家族世帯数の割合（%）		単独世帯数の割合（%）	
	1990 年	2010 年	1990 年	2010 年
札幌市中央区	47.5	41.4	45.9	54.3
東京都中央区	52.1	43.0	37.4	52.8
名古屋市中区	43.0	26.3	45.1	68.8
京都市中京区	49.1	39.2	35.9	54.2
大阪市中央区	45.4	30.3	44.6	64.8
福岡市中央区	43.2	32.5	50.0	63.2

出典：国勢調査報告などにより作成.
（注）世帯数の割合の母数は一般世帯数である.

位の 3 つの中心区では，2000 ～ 10 年においては 100%以上の顕著な増加率であった。1990 ～ 2010 年の 20 年間に単独世帯数は東京都中央区では約 3.4 倍に，大阪と名古屋の中心区では約 2.7 倍に増加したのである。いずれの中心区でも，この増加率は核家族世帯数のそれを大きく上回っている。

以上のことから，これらの中心区では 1990 ～ 2010 年にマンション供給が活発であり，これが核家族世帯数や単独世帯数の増加をもたらしたといえる。なかでも単独世帯用のマンション供給戸数が多かったので，単独世帯数が激増した。

上述のような核家族世帯数と単独世帯数の変化の結果，一般世帯数に占める両者の割合は表 2-10 のように変化した。すなわち，全部の中心区において 1990 ～ 2010 年に単独世帯の割合が増大し，核家族世帯の割合は低下して，前者が後者を超えたことが大きな変化である。とくに名古屋市，大阪市および福岡市の中心区では 2010 年に単独世帯数の割合が 60%台となり，他の 3 つの中心区でもすべて 50%台と過半を占めるに至った。大都市の中心区では 20 歳代～ 30 歳代を中心とする就業する男女，高齢者および単身赴任者などさまざまな「1 人暮らしの

世帯」が過半を占めているのである。

こうした中で，東京と札幌の中心区では他の中心区と異なり，2010 年においても核家族世帯の割合が 40％台と相対的に多い。この相対的に多い要因については下記の 3）において述べる。

3）世帯数の変化から推定した人口増加の内訳

上述のように，6 大都市の中心区において核家族世帯と単独世帯の両者が増加した。この 2 つの世帯類型のどちらが各中心区の人口増加に大きく寄与したのであろうか。このことを検討するために，次の方法で世帯類型別の人口増加数を求めた。

表 2-8 と表 2-9 に記載の核家族世帯と単独世帯の増加数に基づき，核家族世帯の構成人数は 1 世帯当たり平均 2.5 人，単独世帯の構成人数は 1 人と仮定して，1990 ～ 2010 年の各中心区における増加人数を算出した[6]。この結果は注 6 に記載した。

これによると，札幌と東京の中心区は核家族世帯の増加人数が単独世帯のそれより多い。とりわけ東京都中央区では核家族世帯の増加人数が単独世帯のそれを大きく上回っている。札幌市中央区の場合はわずかな差である。このように核家族世帯による人口増加への寄与が大きい理由として，核家族世帯向けのマンション供給量が他中心区よりも多かったことが推察される。この供給量が多い要因として，札幌市中央区は先述したように，同区のなかに都心地区的ではない住宅地域の面積割合が多いことを指摘できる。言い換えれば，この住宅地域は環境面とマンションの価格面において核家族世帯向けのマンション建設適地が多いことである。これは行政区の面積が広いことに由来する，いわば形式的な要因といえる。これに対して，東京都中央区の場合は，札幌市とは異なる要因が考えられる。それは，東京が最上位階層の都市であることに起因する。

第 2 節 1）で述べたことから，階層が高い都市では，都心地区を勤務地とする核家族世帯の場合，従業地から遠い郊外に居住するよりも中心区居住を指向する世帯数が多い。このことを背景として，バブル経済崩壊に伴う地価の下落によって，中心区における核家族世帯向けのマンション需要の量的多さに対応したマンションの大量供給があった。久保・由井（2011）によれば，大手の不動産開発企

業は2005年頃から東京区部において核家族世帯にも都心部が居住空間として認識されてきたと判断し，核家族に向けた都心立地型マンションの企画を開始した。

東京と札幌を除く他の4つの中心区では，単独世帯の増加人数が核家族世帯のそれよりも多い。とくに大阪市中央区と名古屋市中区の全増加人口に対する単独世帯の推定寄与率 [7] はそれぞれ72％と92％と高い。このように，人口増加に対する単独世帯・核家族世帯という世帯類型別の寄与の中心区間の差は大きいが，前述のことから，東京都中央区のみが他の中心区と著しく異なり，核家族世帯の増加による寄与が大きいといえる。この中央区の特徴が，本章第6節において指摘するように同区の「富裕化」に寄与している。

第5節　中心区における男女別・年代別人口の変化

1）男女別・年代別人口の変化

本節では，6中心区における男女別・年代別人口の変化および中心区への年代別の転入者数を検討して，中心区居住者の年代属性を明らかにする。

表2-11の年代別の1990～2010年の人口変化から明らかなことは次のとおりである。女性の年代別の増加率をみると，すべての中心区において30歳代の増加率は，他の年代のそれを大きく上回っている。なかでも東京都中央区では突出した激増を示した。すなわち，1990年の4,105人が2010年には3.7倍の15,236人に増えたのである。大阪市中央区でも激増（112％）した。他の中心区でも30歳代の増加率が最多である。

男性の年代別の増加率をみても，福岡市中央区では50歳代の増加率が最多であったが，これ以外の中心区ではすべて30歳代の増加率が最多であった。この結果，1990年は男女ともに20歳代または40歳代の人口が最多の中心区が多かったが，2010年にはただ1つの例外を除いて，30歳代の人口が男女ともに最多となった。この例外は，2010年においても20歳代が最多である名古屋市中区の女性の場合である。

2）転入者の男女別・年代別人口の分析

上述の30歳代の人口増加に寄与したのは，中心区への30歳代の年代の転入者が

40 第2章 6大都市の中心区における人口再集中化と住民属性の変化

表 2-11 6大都市の中心区における男女別・年代別人口（1990年，2010年）

(100人)

	札幌市中央区									
	男 性					女 性				
	20代	30代	40代	50代	総数	20代	30代	40代	50代	総数
1990年	**135**	123	128	95	830	**165**	144	151	114	961
2010年	149	**172**	158	131	997	180	**196**	182	148	1,203
増加率 (%)	10.4	39.8	23.4	37.9	20.1	9.1	36.1	20.5	29.8	25.2

	東京都中央区									
	男 性					女 性				
	20代	30代	40代	50代	総数	20代	30代	40代	50代	総数
1990年	**58**	43	53	44	328	48	41	**55**	50	352
2010年	73	**136**	114	69	590	80	**152**	112	61	637
増加率 (%)	25.9	216.3	115.1	56.8	79.9	66.7	270.7	103.6	22.0	81.0

	名古屋市中区									
	男 性					女 性				
	20代	30代	40代	50代	総数	20代	30代	40代	50代	総数
1990年	51	42	**53**	41	309	**59**	44	55	48	348
2010年	53	**55**	51	47	377	**60**	58	46	42	406
増加率 (%)	3.9	31.0	-3.8	14.6	22.0	1.7	31.8	-16.4	-12.5	16.7

	京都市中京区									
	男 性					女 性				
	20代	30代	40代	50代	総数	20代	30代	40代	50代	総数
1990年	**77**	51	65	58	441	**81**	54	70	68	505
2010年	61	**67**	61	52	486	74	**81**	71	58	566
増加率 (%)	-20.8	31.4	-6.2	-10.3	10.2	73.0	50.0	1.4	-14.7	12.1

	大阪市中央区									
	男 性					女 性				
	20代	30代	40代	50代	総数	20代	30代	40代	50代	総数
1990年	44	34	**45**	36	261	48	45	**50**	44	307
2010年	66	**77**	59	45	368	79	**85**	61	45	418
増加率 (%)	50.0	126.5	31.1	25.0	41.0	64.6	88.9	22.0	2.3	36.2

	福岡市中央区									
	男 性					女 性				
	20代	30代	40代	50代	総数	20代	30代	40代	50代	総数
1990年	**120**	98	99	72	647	**142**	113	115	90	755
2010年	118	**136**	119	103	793	165	**186**	140	112	991
増加率 (%)	-1.7	38.8	20.2	43.1	22.6	16.2	64.6	21.7	24.4	31.3

出典：国勢調査報告により作成.
（注1）太字は各年次で最も人数が多い男女別の年齢区分を表す.
（注2）「総数」は本表に記載していない年代の人数も含めた人数である.

第5節　中心区における男女別・年代別人口の変化　　41

表 2-12　6 大都市の中心区への転入者の年代別構成比率

	年代別構成比率（%）								25～39 歳の構成比率（%）			合計人数（100 人）		
	0～9 歳	10～19 歳	20～29 歳	30～39 歳	40～49 歳	50～59 歳	60 歳以上	計	男	女	計	男	女	計
札幌市中央区	6.4	9.4	22.8	23.2	15.7	9.2	13.3	100.0	15.7	19.0	34.7	242	272	514
東京都中央区	4.4	3.3	19.7	35.9	18.6	8.8	9.3	100.0	22.7	27.5	50.2	153	163	316
名古屋市中区	2.9	4.7	33.4	24.4	14.8	9.9	9.9	100.0	20.9	22.2	43.1	87	79	166
京都市中京区	5.6	8.6	32.3	25.6	12.0	6.1	9.8	100.0	17.2	23.1	40.3	85	102	187
大阪市中央区	3.0	4.6	28.8	29.9	15.2	8.9	9.6	100.0	20.6	27.4	48.0	80	94	174
福岡市中央区	5.7	7.9	29.3	26.1	14.1	9.1	7.8	100.0	17.6	25.1	42.7	181	221	402

出典：2010 年国勢調査報告により作成.
（注 1）構成比率は男女計の合計人数に対する比率.
（注 2）転入者数は，「5 年前（2005 年）の常住地」が当該の区以外の人数.

多かったことと考えられる。このことを表 2-12 によって確認する。

　表 2-12 からわかる第一のことは東京都中央区の特異性である。それは同区が 6 中心区のなかで，転入者に占める 30 歳代の割合がきわめて高く（35.9%），25 ～ 39 歳の割合も 50.2% と最多であることである。これに次いで大阪市中央区のこれらの割合も多い。

　東京と大阪を除く 4 つの中心区では，20 歳代の割合が相対的に多い。また 25 ～ 39 歳の割合は相対的に低い。なかでも，札幌市中央区だけは後者の割合が 34.7% ときわめて低い。さらに同区のみ 60 歳代以上の割合が 13.3% と相対的に高い。

　前記の東京都中央区の特異性は，①「雇用への近接」を指向する居住地選択と関連した中心区のマンションを購入または賃貸して居住する 30 歳代を中心とするシングル女性の増加 [8]，および②中心区の分譲価格が高いマンションを購入できる富裕な企業経営者などの男性 30 歳代の単独世帯および核家族世帯の増加の寄与が大きいと考えられる。

　札幌市中央区の 60 歳代以上の割合が高いという上述の特徴は，加藤（2011）が指摘するように，札幌市外からの札幌市内の医療機関などのサービス消費機会との近接を求めた高齢者の転入者数が相対的に多いということをあらわしていると考えられる。しかし，これは同区にのみ特徴的なことであり，札幌市を除く他の中心区では 60 歳代の割合は多くない。

42 第2章 6大都市の中心区における人口再集中化と住民属性の変化

既に述べたように，東京都中央区における「女性の30歳代」の人口増加率および全転入者数に対する割合は他の中心区より突出した高さを示す。したがって，同区は，2000年次の「就業者，なかでも女性の就業者が相対的に多い居住地区という特性をもつ」[9]という傾向は，2010年次により強くなったといえる。

第6節　本章の要約

6つの大都市の中心区（札幌市中央区，東京都中央区，名古屋市中区，京都市中京区，大阪市中央区，福岡市中央区）における1990年代後半以降の人口再集中化とそれに伴う住民および世帯の属性の変化について分析した結果，明らかになったことおよびその考察の要約は以下のとおりである。

（ｉ）福岡市中央区を除く5つの中心区では，1960年以後の1995年まで人口減少が続いた。東京と大阪の中心区ではこの減少率は60%であった。ところが，1995年以降の2010年まで，福岡市中央区を含むすべての中心区において人口が増加し続けた。しかし，東京，大阪，名古屋の中心区の人口回復率（2010年の人口／1960年の人口）は，それぞれ76%，59%，68%であり，1960年の人口との差は大きい。

（ⅱ）上記の人口増加の内訳を，人口の自然動態と社会動態から分析すると，人口増加の中心は自然増加ではなく社会増加であり，この社会増加は転出者の減少による寄与は小さく，転入者の増加の寄与が大きいことが明らかとなった。6中心区の転入者数の推移をみると，札幌市中央区を除く5つの中心区では，1991〜95年の期間以後2006〜10年の期間まで，転入者数が一貫して増加し続けている。

（ⅲ）1995年から1998年の4年間の間に，6大都市の全中心区において社会動態が減少から増加へと大転換したという共通性が明らかとなった。この増加は上記のように転入者数の増加に基づく。転入者数の増加はバブル経済崩壊後の全国的な（とりわけ大都市都心地区の）地価の下落や経済の低成長に伴う中心区におけるマンションの大量供給によると考えられる。要するに，日本の大きな社会・経済的な変動に起因するマンション立地による転入者の増加が都心地区における人口の再集中化を生じさせたのである。そして，この転換した年以後2010年まで，

全部の中心区において人口の社会増加は継続的に続いてきた。

（ⅳ）すべての中心区の従業地就業者数は1995年以降2010年まで減少している。この減少と前述の人口増加の結果，昼夜間人口比率は全中心区で低下した。このことから，1950年代から90年代半ばまで約45年間続いた中心区における居住機能の低下と業務機能の上昇は，1995年以降に大逆転して居住機能の上昇と業務機能の低下が続いている。とくに東京都中央区ではこの変化が顕著であった。

（ⅴ）いずれの中心区においても1990～2010年に世帯総数に占める単独世帯の割合が増大し，核家族世帯の割合が低下して，前者が後者を上回った。中心区は1人暮らしが中心の居住地へと変容したのである。各中心区の人口増加に対する単独世帯数の増加の寄与は大きいが，東京都中央区のみ例外的に核家族世帯数の増加の寄与が大きい。この増加した核家族世帯の多くは，富裕層に属すると想定される。この結果として，東京都中央区では最近（1998～2008年），住民の所得階層が急上昇し，同区は東京都心部における高所得層が集積する「豊かな都心」となった（豊田，2012）。いわゆるジェントリフィケーションが進行した[10]。

（ⅵ）男女別・年代別人口の変化（1990～2010年）をみると，男女ともに30歳代の人口増加率が高かったことが大きな特徴である。とりわけ，東京都中央区で顕著であった。この結果，1990年は男女とも20歳代の人口が最多の中心区が多かったが，ほとんどの中心区では，2010年には30歳代の人口が男性も女性も最多となった。

（ⅶ）上述の（ⅰ）と（ⅲ）など，6つまたは5つの中心区に共通した事象は多いが，①1960～95年の人口減少率と②1995年以降の人口増加率，③転入者の年代別構成比率など中心区間の差が大きな事象もいくつか認められた。これらの中心区間の差を生じさせる基本要因として，既に図2-1に基づいて論じたように，その中心区が属する都市の階層差を指摘できる。

　また，東京都中央区のみが他の5つの中心区と大きく異なり，既述のように「1995年以後の核家族世帯数の増加率が顕著であり，人口増加に対する核家族世帯の増加の寄与が大きいこと」も，東京が最上位の都市階層にあることと関係している。また，東京は国内では唯一の世界都市であるということも既述の東京都中央区の特異性に深くそして大きく関係している。

（注）

(1) 福岡市中央区のみ 1980 〜 90 年に人口が増加した．この増加は同区の業務地区面積が東京や大阪の中心区よりも少なく，住宅地域が広いので 1980 年代にマンション建設が進行したため人口増加があったと推定される．表 2-1 に記載のように，福岡市中央区の面積は東京都中央区や大阪市中央区の面積の 1.5 倍と広いことが，このような人口増加と関係していると考えてよい．

(2) 本章では，次に示す 1990 年の市の人口（万人）を基準として都市階層を定めた．東京 23 区：835，大阪市：277，名古屋市：208，京都市：147，札幌市：140，福岡市：108．

(3) 東京都心 3 区（千代田区，中央区，港区）と大阪市都心 3 区（北区，中央区，西区）における従業地就業者数は 1960 年から 1996 年に次のように大きく増加した（富田，2004a）．東京都心 3 区：111 万人 → 258 万人，大阪市都心 3 区：77 万人 → 128 万人．

(4) 東京都区部，大阪市および名古屋市における従業地就業者数も 1995 年，2000 年，2005 年の 3 つの年次で減少し続けている（谷，2012）．

(5) 東京，大阪の中心区への転入者数はその区の人口を考慮するときわめて多い．東京都中央区の 2000 年の人口は 7.3 万人，2006 〜 10 年の 5 年間の転入者数はこの人口を超える 8.09 万人であった．大阪市中央区の場合も，人口 5.5 万人，転入者数は 5.86 万人であり，人口を上回る転入者数であった．

(6) 各中心区の①核家族世帯の増加数から求めた増加人数と②単独世帯の増加数から求めた増加人数は，次のとおりである．札幌市中央区：① 29,840 人，② 28,725 人．東京都中央区：① 36,770 人，② 25,414 人．名古屋市中区：① 1,817 人，② 21,270 人．京都市中央区：① 8,865 人，② 16,811 人．大阪市中央区：① 8,050 人，② 20,355 人．福岡市中央区：① 15,588 人，② 34,547 人．

(7) 推定寄与率の算出方法は次のとおりである．上記の注（6）に記載の①核家族世帯の増加数から求めた増加人数と②単独世帯の増加数から求めた増加人数を合わせた人数を母数として，世帯類型別の増加人数の寄与率を求めた．

(8) 東京区部におけるコンパクトマンションの購入年齢について調べてみると，単独世帯の場合は大半を 30 歳代が占めている（由井，2003）．

(9) 筆者は，東京，大阪，名古屋の 3 大都市の都心地区における 2000 年次の男女別・年齢別人口などを分析し，これらの都心地区は「就業者，なかでも女性の就業者が相対的に多い居住地区という特性をもつ」ことを指摘し，さらにこの特性は「働くシングル女性・既婚女性の居住地として都心地区が選好されていることを反映している」ことを論じ，とりわけ東京都中央区ではこの傾向が顕著であることを明らかにした（富

田，2004a）．

(10) 東京都中央区と大阪市中央区ではジェントリフィケーションが進行したことの指標として，2000 〜 10 年の専門・技術，管理職就業者の増加率が高いことが指摘されている（藤塚，2013b）．

第3章　大都市都心地区における
　　　マンション立地とその要因

は じ め に

　第2章で明らかになったように，1990年代後半から東京などの大都市の中心区において，常住人口の増加がみられる。この増加は約40年間続いた同地区における人口減少からの大転換である。この現象は人口の都心回帰と呼ばれることもある。この都心地区における人口増加と密接な関連があると考えられるマンションの立地動向を分析し，同地区におけるマンション立地が増加していることを明らかにした研究として，3大都市圏を対象とした香川（2003b）と東京圏を対象とした山田（2003b）などの研究がある。

　この研究分野で先駆的かつ本格的な研究は矢部（2003）である。これは後述するように，東京都港区に新規に立地した民間分譲マンションと公共住宅の入居者の一部に対するアンケート調査を実施して，入居者の前住地や転居の理由などを把握したものである。

　本章の目的は，1990年代後半以後の都心地区における人口の再集中化に大きな寄与をした同地区におけるマンション立地について次のことを研究することである。はじめに，東京と大阪の都心地区におけるマンションの立地動向を分析し，これらのマンション居住者の属性を把握する。次いで，都心地区におけるマンションの立地増加の要因と都心地区居住志向の社会・経済的背景を考察する。

第1節　大都市都心地区におけるマンション立地

1）マンションの立地動向

　矢部（2003）は，東京都港区における1996～2001年の町丁別人口増加と住宅供給（公共住宅と民間分譲マンション）との間に密接な関係があることを明らか

表3-1　東京都心3区における新設住宅着工戸数の推移

年　次	着工戸数	23区に占める割合（%）
1991	2,344	2.2
1992	3,706	3.6
1993	2,301	2.3
1994	3,039	2.9
1995	4,446	4.4
1996	6,455	5.9
1997	8,629	8.1
1998	8,949	8.6
1999	9,291	8.9
2000	14,874	12.5
2001	11,709	10.3
2002	18,996	15.4

出典：国土交通省編（2003b）.
（注）都心3区は千代田区,中央区,港区.

にしている。このように，都心地区における人口の社会増加に大きく寄与したのは中高層住宅の新設であると考えてよい。

東京圏と大阪圏における1991～2000年の中高層住宅の距離圏別供給戸数の推移をみると，都心から10kmの距離圏における供給戸数の圏域全体のそれに占める割合は増加傾向にある（国土交通省，2003a：15）。すなわち，東京圏では1993年（10kmの距離圏の占める割合は8%）以降増加し1997～2000年は10ポイント以上増えて，20%を超えている。大阪圏でも1992年（同9%）以降増加し1996～2000年は20～29%を占めている。10～20kmの距離圏においても増加しているが，10km圏ほどの増加ではない。これに対して，両圏ともに30km以遠の距離圏における同割合は減少傾向が認められる。これらのことから東京圏と大阪圏における1991～2000年の中高層住宅の供給は，30km以遠の距離圏において縮小し，20km圏内とりわけ10km圏において増加していると概括できる。

東京都心3区における1991～2002年の新設住宅着工戸数をみると，1994年以降増加傾向にあることが明らかである（表3-1）。とくに2000～02年における年間着工戸数は，1990年代前半の年間着工戸数（約3,000戸）の4～6倍の1万戸を上回っている。東京都23区全体に占める割合も1990年代前半の2～4%から2000～02年には10～15%へと増加した。

（1）東京都心地区におけるマンション立地

東京の都心3区と都心5区における1993～2002年の民間分譲マンションの建築棟数と供給戸数の推移は次のとおりである（表3-2と表3-3）。東京都心3区における1993～2002年の民間分譲マンションの供給戸数の推移は，上述の新設住宅着工戸数のそれと基本的に同じである。すなわち，1993年以降増加傾向にあり，1997年以降は年間3,000戸を，2000～02年は年間5,000戸を上回る。

東京都中央区における1998～2002年のマンションの供給戸数は17,696戸で

第 1 節　大都市都心地区におけるマンション立地　49

表 3-2　東京都心地区におけるマンション建築棟数の推移（1993 ～ 2002 年）

年　　次	1993	1994	1995	1996	1997	1998	1999	2000	2001	2002	計
千代田区，中央区，港区	1	6	10	30	62	60	87	83	74	102	515
新宿区，渋谷区，文京区，台東区，豊島区	20	54	61	110	144	113	172	184	160	130	1,148
都心 8 区計	21	60	71	140	206	173	259	267	234	232	1,663

出典：RITS 総合研究所「マンションデータマップ」により山田浩久氏作成.

表 3-3　東京都心地区におけるマンション供給戸数の推移（1993 ～ 2002 年）

年　　次	1993	1994	1995	1996	1997	1998	1999	2000	2001	2002	計
千代田区，中央区，港区	289	368	447	1,143	3,655	3,357	4,326	5,590	5,347	6,078	30,600
新宿区，渋谷区，文京区，台東区，豊島区	1,416	2,852	2,578	4,936	5,800	4,933	8,222	9,338	7,857	6,363	54,295
都心 8 区計	1,705	3,220	3,025	6,079	9,455	8,290	12,548	14,928	13,204	12,441	84,895

出典：表 3-2 と同じ.

表 3-4　東京都中央区におけるマンション供給戸数（1998 ～ 2002 年）

年	単身用戸数	世帯用戸数	計	単身戸数／計
1998	537	1,682	2,219	24.2%
1999	898	1,823	2,721	33.0%
2000	2,850	2,816	5,666	50.3%
2001	2,666	2,089	4,755	56.1%
2002	1,387	948	2,335	59.4%
計	8,338	9,358	17,696	47.1%

出典：東京都中央区役所の資料により作成.
（注）単身用は間取りがワンルームである.

あった（表 3-4）。このうち，単身世帯用（ワンルームマンション）の戸数は約 8,300 戸で，全戸数の 47％を占める。東京の他の都心区でも同様に単身世帯用のマンション戸数の割合はかなり高いと考えられる。

（2）大阪都心地区におけるマンション立地

「平成 14 年版土地白書」によれば，大阪市都心 6 区（中央区，北区，西区，天王寺区，浪速区，福島区）における分譲マンション販売戸数は，1992 年以降は増加傾向にあり，1996 年以後は年間 3,000 戸を超えている。とりわけ 1999 ～ 2001 年は年間 3,400 戸以上が販売され，大阪市全体の同期間における販売戸数に占める割合（40％）も高い。

大阪の都心 3 区別のマンションの販売棟数と販売戸数の推移は表 3-5 と表 3-6 のとおりである。これによれば，1995 ～ 2002 年の都心 3 区における販売棟数

50　第3章　大都市都心地域におけるマンション立地とその要因

表 3-5　大阪市都心区におけるマンションの販売棟数（1995 ～ 2002 年）

	1995	1996	1997	1998	1999	2000	2001	2002	計
北区	9	9	19	8	22	13	14	15	109
中央区	9	12	7	10	14	23	17	12	104
西区	9	8	15	10	10	14	10	10	86
都心3区計	27	29	41	28	46	50	41	37	299
大阪市計	126	121	108	104	140	155	146	129	1,029

出典：不動産経済研究所の資料により作成.
（注）分譲時期を複数にわけている物件については初回募集のみ集計し，2期，2次募集以降分
　　　については省略した.

表 3-6　大阪市都心区におけるマンションの販売戸数（1995 ～ 2002 年）

	1995	1996	1997	1998	1999	2000	2001	2002	計
北区	404	682	1,208	539	1,250	720	1,008	989	6,800
中央区	436	439	186	510	514	1,035	710	964	4,794
西区	293	367	671	607	547	797	746	687	4,715
都心3区計	1,133	1,488	2,065	1,656	2,311	2,552	2,464	2,640	16,309
大阪市計	5,582	6,711	6,113	6,740	8,374	8,710	9,118	8,848	60,196

出典：表 3-5 と同じ.
（注）表 3-5 と同じ.

は 299 棟，販売戸数は約 16,000 戸である。これを大阪市全体に占める割合でみると，29％と 27％である。販売戸数の推移から，とくにこれが多いのは 1999 ～ 2002 年であることがわかる。これらのマンションのおもな間取りをみると，多くは 3LDK であり，核家族世帯用であるといえる。一方，1995 ～ 2002 年に販売されたワンルームのみのマンションの棟数は大阪市全体で 55 棟であり，このなかで都心 3 区では 33 棟が販売された[1]。したがって，ワンルームのみのマンションは都心地区における立地が多いが，核家族世帯用の戸数が多いマンションの販売棟数と比べるとわずかであることが明らかである。

　このように東京と大阪市の都心地区におけるマンション立地は 1990 年代後半から増加し，とくに 2000 年以降の増加が著しいという共通性がみられる。

2)　新設マンションの従前の土地利用など

　国土交通省が調査した東京都心地区において 1990 年代後半に立地したマンションの従前の用途などの概要は，以下のとおりである（国土交通省編，2001b）。

(1) マンションの従前の土地利用

　東京都心 3 区で 1995 ～ 2000 年に分譲されたマンションのほとんどについて

(247棟), その建設地の従前の土地利用を, 竣工5年前の住宅地図によって調べ
た結果は, 次のとおりである (用途別の割合)。駐車場：36.4%, 住宅：17.4%,
空き地：14.2%, オフィス：13.0%, 商業：5.3%, 工場：3.2%, 資材置き場：2.8%,
企業の社宅・寮：1.5%, その他：5.1%。この結果から, 駐車場, 空き地, 資材
置き場を低未利用地と定義すると, これら低未利用地からのマンションへの転換
がマンションの供給に大きな影響を与えていることが指摘されている。

　しかし, これには区による差が大きい。例えば, 千代田区では従前の土地利用
がオフィスであった割合が約半分 (46.3%) である。また「平成14年版土地白書」
によれば, 1998 〜 2001年に中央区日本橋地区で販売されたマンション45棟の
敷地の従前用途の44%はオフィスであった (駐車場は38%)。従前の土地利用が
オフィスからマンションに利用が転換した事例の多くは, 老朽化した中小オフィ
スビルが空室率の上昇や賃料水準の低下を背景にマンションに転換されたものと
考えられる (国土交通省編, 2001b)。このことから, バブル経済崩壊後の東京都
心地区においてオフィス需要は比較的少なく, マンション需要のほうが大きかっ
たといえる。このオフィスビルがマンションに建て替えられた事例は, 都心地区
の業務機能の低下と居住機能の上昇への具体的な事例である。

(2) マンション敷地の従前の所有者

　都心3区のマンション敷地の現在の所有者への移転登記がされた場合の従前所
有者の属性 (割合) は以下のとおりである (移転登記されていない場合を含む)。
法人のみ：61.3%, 個人のみ：23.4%, 個人と法人：4.8%, 移転なし：8.1%, そ
の他：2.4%。ただし, これも区による差が大きい。たとえば, 千代田区では個
人と法人：41.2%が最多である。

　都心8区 (千代田, 中央, 港, 新宿, 文京, 台東, 渋谷, 豊島) の1995年
と2000年にそれぞれ竣工したマンションについて, その敷地の従前所有者を比
較すると, 「個人のみ」で所有していた土地の割合は大幅に減少した (1995年：
52%→ 2000年：28%)。これに対して, 「法人のみ」の割合は増加した (1995年：
43%→ 2000年：57%)。このことから企業が所有していた駐車場, 空き地, オフィ
ス敷地などに建設されたマンションが多いといえよう。このなかのかなりの割合
が, 企業がリストラクチャリングの一環として保有する土地の処分をしたものと
思われる。

第2節　タワーマンションの増加

本章の第4節の1)において述べるように，1990年代後半から超高層のタワーマンションの建設が多くなった。タワーマンションは一般に，地上20階建て以上の高層マンションを指す。2000年前後に容積率の規制緩和が進み，都心部を中心にタワーマンションの完成ラッシュが始まった。タワーマンションは眺望や，総戸数が多く共用設備が充実している点が人気の理由となっている[2]。以下では，東京と大阪市の都心地区における2010年頃に竣工した大規模なタワーマンションの事例を紹介する。

1) 超高層のタワー型マンションの事例概要 [3]

(1) 東京都中央区の勝どきビュータワー

都営大江戸線の勝どき駅に直結し，駅から徒歩1分程度である。地上55階，地下2階の鉄筋コンクリート造り1棟，建物高さ：192mのマンションである（写真3-1）。

［事業概要］東京都都市計画勝どき駅前地区第1種市街地再開発事業として，独立行政法人都市再生機構が施工。地区面積：約1.7ha。敷地面積：6,346m^2，建築面積：4,289m^2，延床面積：87,520 m^2。容積率：約1,000％。設計・施工：大林組。売主：株式会社ゴールドクレスト。

［経緯］都市計画決定：2004年4月，事業計画認可：2006年1月，着工：2008年1月，竣工：2010年10月。

［用途］住宅712戸（非分譲384戸を含む)，店舗・事務所。駐車台数：

写真3-1　東京都中央区のタワーマンション（勝どきビュータワー）（著者撮影，2013年12月）

106 台（建物内機械式），月額使用料 40,000 〜 50,000 円。自転車置き場：397 台，月額使用料 200 〜 600 円。

［フロア構成］　地下 1 階：各種店舗，駐車場。1 〜 2 階：各種店舗（食品スーパーマーケット，ファミリーレストラン，薬局，内科医院，居酒屋など）。3 階：中央区立保育園（かちどき西保育園）。4 階：児童館（勝どき児童館）。5 〜 52 階：住宅。ゲストルーム：2 室。集会室：2 室。ライブラリー・シアタールーム：1 室。パーティルーム：1 室。

［マンション住戸の賃貸空室情報の 2 つの事例（2013 年 11 月時点）］：以下は①階数，間取り，②占有面積，③月額賃料である。1 つは① 28 階，1LDK，② 52 m²，③ 185,000 円であり，いま 1 つは① 28 階，3LDK，② 87 m²，③ 325,000 円である。

(2) 大阪市中央区のザ・キタハマ（北浜タワー）

　大阪市営地下鉄堺筋線北浜駅直結・京阪電車北浜駅徒歩 3 分。地下 1 階，地上 54 階，鉄筋コンクリート造り 1 棟，建物高さ：209m の分譲マンションである。この場所には百貨店の三越大阪店があったが，2005 年 5 月に閉店した。その跡地に長谷工コーポレーションがこのマンションを建設した。住宅ゾーンをキタハマ・タワー，付属の商業施設ゾーンをキタハマ・プラザと呼ぶ。竣工時の 2009 年時点では，日本で最も建物高さが高いタワーマンションであった。

［事業概要］敷地面積：4,700 m²，延床面積：79,605 m²。設計：鹿島建設，長谷工コーポレーションなど。施工：鹿島建設，長谷工コーポレーション。

［経緯］着工：2006 年 9 月，竣工：2009 年 3 月。

［用途］共同住宅 465 戸（非分譲 30 戸を含む），商業施設，事務所。駐車台数：313 台（住宅用 282 台，店舗用 31 台）。

［フロア構成］商業施設ゾーンのキタハマ・プラザ はショッピングゾーン（食品スーパーマーケット，薬局，レストラン，カフェなど），クリニックゾーン（内科医院，耳鼻科医院，外科医院など），フイットネスクラブから構成されている。商業施設フロアは地下 1 階から地上 6 階（タワー部分の 10 階に相当）に位置する。

［マンション住戸の中古売却希望の 2 つの事例（2013 年 12 月時点）］　：以下は，①間取り，②床面積，③売却希望価格である。1 つは① 1LDK，② 55 m²，③ 4,840 万円であり，いま 1 つは① 2LDK，② 107 m²，③ 10,500 万円である。

2) タワーマンションの特徴

　以上の2つの事例は，建物高さと住宅戸数がそれぞれ192m，712戸と209m，465戸であり，超高層かつ大規模なマンションの代表事例である。タワーマンションの多くは1棟当たり千人単位の住民が住む。これらのマンションでは，マンション建物内にさまざまな商業機能や医療機能などがあり，入居者の日常生活の利便性に寄与している。マンション入居者が数百人以上であれば，低次な中心機能の成立閾値を超えるので各種の商業機能や医療機能の経営が維持できる。このような点からいえば，超高層大規模マンションはそれと付随する低次な中心機能とともに低次な中心地を形成するといえる。換言すれば，このようなマンションは計画的に新しく建設された小さな町であるといえよう。つまり究極のコンパクトタウンという特徴をもつ。雨傘や日傘をささずに買い物や保育園あるいは医院へ行くことができ，マンションの入り口から住戸の入り口までの重い荷物や大きな荷物の持ち運びの負担もエレベーターを利用することで小さい。さらに戸建て住宅と比べて防犯性や耐震性に優れている。

　総務省の調べでは，20階建て以上の超高層マンションは2008年，全国に900棟ある。不動産経済研究所によれば，2009〜13年でさらに385棟増え，2014年以降も191棟，約7万3000戸が完成予定である。首都圏では2013年に発売された新築マンションのうち，20階建て以上の超高層マンションの割合が約20％となり過去最高だった。近畿圏でも22％と高水準であった[4]。

　東京都江東区のタワーマンションの居住者の特性を調べた研究では，比較的高所得な世帯が多いものの，世帯構成や年代は多様であり，さらに東京都内からの転居者が多いことが明らかにされている（小泉ほか，2011；久保，2014）。

第3節　東京都心地区における新設マンション住民の属性

　矢部（2003）は東京都港区の民間分譲マンションと公共住宅の2つの種類の新設住宅の住民に対するアンケート調査から，次のことを明らかにした。民間分譲マンションへの入居者は30歳代が中心であり，子どものいない世帯とシングル女性などの単身世帯が多い。これらの人の多くは，都心における職住近接を重視

している。一方，公共住宅の入居者は港区内の都営住宅の建て替えに伴う移動が多く，そのため以前から区内に住み続けている高齢者世帯が多い。

　上記のように，入居者の属性は入居している住宅の種類によって大きく異なる。民間分譲マンションでも，その間取りや分譲価格などによって，入居者の属性はかなり異なる。したがって，多数のマンションの入居者を対象とする調査を実施しなければ，全体像は把握できない。国土交通省が 2000 年に実施した東京都心 8 区において 1995 ～ 2000 年に分譲されたマンションの入居者へのアンケート調査は，回答者数が 2,853 人であり，かなり大規模な調査である。この調査によって明らかになった前住地などの入居者の属性は，以下のとおりである（国土交通省編，2001a）。

　a．前住地　　上記入居者の住み替え前の居住地（前住地）についての集計結果をみると，「同一区内」の割合（32.2％）が最多である。次いで「都心 8 区以外の 23 区」が 31.3％を占める。これらを含めて東京区部が前住地である割合は 4 分の 3（75.3％）である。東京区部以外を前住地とする居住者の割合は計 24.7％である。その内訳は，「東京都市部（区部を除く東京都）」が 4.6％，「東京都周辺 3 県」が 17.9％，「その他」が 2.2％である。したがって，前住地の多くは東京都区部であり，東京圏郊外からの転入者は少ない。

　b．従前の住宅　　当該マンションへ転居する前の住宅種類の全回答者についての集計結果は，次のとおりである。「賃貸マンション・アパート」が 43.8％，「持ち家マンション」が 21.0％，「社宅・寮・官舎」が 12.6％，「持ち家一戸建て」が 11.1％，「親・子ども・親戚の家」が 9.8％である。このことから，マンションの一次取得者と考えてよい「賃貸マンション・アパート」「社宅・寮・官舎」「親・子ども・親戚の家」の 3 つが約半分を占めていることがわかる。ところがこの傾向は，前住地によって以下のような違いがある。

　前住地が「同区内」や「東京都区部」である回答者の場合は，上記の全体傾向と同じである。しかし，「東京都市部」あるいは「東京都周辺 3 県」を前住地とする者は，「持ち家一戸建て」が比較的多く，「賃貸マンション・アパート」が少ないのである。具体的にいえば，前住地が「東京都市部」の場合，「持ち家一戸建て」が 24.8％，「賃貸マンション・アパート」が 27.9％であり，郊外の戸建住宅から都心地区のマンションという住居移動が 4 分の 1 を占めているのである。

56 第3章 大都市都心地域におけるマンション立地とその要因

表 3-7　東京都心 3 区のマンション入居者の世帯構成

世　帯　類　型	構成比（%）
男性単身世帯	9.8
女性単身世帯	19.5
夫婦のみの世帯	33.4
小さな子どもがいる 2 世代世帯	20.0
小さな子どもがいない 2 世代世帯	13.2
その他の世帯	4.1
合　計	100.0

出典：国土交通省編（2003b）により作成.
（注 1）小さな子どもは，中学生以下の子どもをいう.
（注 2）東京都心地区における 1999 年 1 月～2001 年 12 月末の期間に販売された分譲
　　　　マンションの一部の居住世帯を対象としたアンケート調査（2003 年 2 月実施）
　　　　の結果.

なお，住み替え前の住居が持ち家だった回答者について，その住居の現状をみる
と，全体としては「売却済み」が多い（63.1%）が，「別宅として利用している」
や「賃貸にしている」もそれぞれ 1 割程度の割合を占めている.

　c.　**世帯主の年齢**　　回答者の年齢構成は 30 歳代が最多（32.6%）であり，次
いで 40 歳代（30.6%），50 歳代（19.2%），60 歳以上（14.1%）が多い. このなかで，
60 歳以上の比率がかなり多いことが注目される. 前住地が東京都区部の場合と
東京都区部以外の場合とのこの年齢構成には大きな違いは認められない（表は省略）.

　d.　**通勤時間の変化**　　前住地が同区内や都心 8 区の場合は，通勤時間が「30
分以上減少」した人の割合は数%であるが，前住地が「東京都周辺 3 県」の場合
はこの割合が 75.0% を占めるなど，前住地による違いが大きい（表は省略）.

　e.　**世帯構成** [5]　「夫婦のみの世帯」が最多の 33.4% を占め，次いで「小さな子
どもがいる 2 世代世帯」と女性単身世帯が多い（表 3-7）. 男女あわせた単身世
帯数の割合は約 30% である. また，「子どもがいる 2 世代世帯」は 33% となる.
したがって，「夫婦のみの世帯」，「子どもがいる 2 世代世帯」および男女あわせ
た「単身世帯」がそれぞれ 3 分の 1 を占めているといってよい.

第4節　大都市都心地区におけるマンションの立地増加の
社会・経済的背景

1）マンションの立地増加の要因

（1）地価の下落と経済不況

　1990年代後半以後，大都市の都心地区における地価は大幅に下落した。このことが同地区におけるマンションを中心とする住宅供給を活発にし，人口増加を促したといってよい。都心地区でのマンション建設が1990年代後半から増加した要因として，バブル経済崩壊後の大幅な地価の下落と経済的不況による企業の遊休地・保有地の放出がマンション敷地の供給増大になったことが指摘されている（山神，2003など）。つまり，都心地区でマンションを新規に建設して分譲・賃貸することが可能な土地の供給があったことが要因である。また，政府が景気対策として従来にない金融緩和政策（低金利と融資額増加）を実施したことも要因である。

　上記のことから東京都心3区の新規分譲マンションの場合，2000年における1平方メートル当たりの分譲価格は，バブル期の8分の1から5分の2程度に大幅に下落したのである[6]。

（2）制度的な要因

　制度的な要因としては，マンション建設に関する規制緩和が重要である。1つは，1994年と1997年の建築基準法の改定による規制緩和である。これはマンションなど共同住宅の共用廊下や階段などの共用部分を容積率から除外するなどの「不算入」制度というマンション建設に関する規制緩和政策であり，この規制緩和によって，1990年代および21世紀に入ってからとくに大都市の都心地区に高層マンションやタワーマンションが多数建設されるようになった（五十嵐・小川，2003；香川，2014）。

　もう1つは，1997年に「高層住居誘導地区」制度が制定されたことである。これは日影規制を緩和するなどして，高層マンションを都心部につくりやすくするための制度であり，大都市都心部の超高層マンションの建設の急増に寄与した。

　21世紀に入ってからの都心地区のマンション立地に影響があった重要な政策

として，2002 年 6 月から「都市再生特別措置法」が施行されたこと，および高度経済成長期に制定された工業等制限法が廃止され，2003 年から東京区部・大阪市などにおいてそれまで規制されていた規準面積以上の工場や大学の新設が可能になったことである（付表を参照）。前者によって東京区部などの大都市における巨大再開発事業が容易になり，後者によって大学などの都心回帰が増加した。いずれの政策も都心地区での人口の再集中化に寄与した。

　上記のほかの制度的要因として，都心地区の地方自治体の人口回復政策の 1 つとしての，住宅建設に際しての優遇措置も寄与している場合がある。例えば，東京都中央区では住宅を区内に建設すれば，容積率が 1.4 倍まで割り増しできる制度があり，大阪市では，一定の要件を満たすマンション建設に対して，共用廊下や階段などの共用部分の工事費の 3 分の 2 を大阪市が補助する「優良建築等整備事業」制度がある。

　東京都中央区において 1985 年に制定され 2003 年に廃止された（付表に記載の）住宅附置制度の 18 年間の運用実績は，住宅附置合意件数：632 件，附置住宅竣工戸数：18,858 戸 [7] であった（川崎，2009）。また，東京都千代田区の住宅附置制度によって 1998 〜 2001 年に建設された住宅棟数は約 220，住宅戸数は約 4,400 であった（東京都千代田区の資料による）。

　1990 年代の日本の経済成長の停滞や少子化によって，それまで拡大を続けてきた大都市圏の郊外住宅に対する需要が減退したこと，および本章の第 1 節 2）で述べたように大都市におけるオフィス需要が低下したことも関連がある。これらのことから，建設業や住宅建設関連の企業はその事業対象を地価の下落した都心地区における（潜在的な需要がある）住宅供給にも向けざるを得なかったという面も指摘できる。

（3）タワーマンション急増の背景

　さらに，タワーマンションと呼ばれる超高層共同住宅の建設増加の背景としての建築技術の進歩も重要だと指摘されている。超高層建築は耐震上，構造的に揺れやすい柔構造が主流であり，住居用には適さないとされてきた。ところが従来の 2 倍以上強いコンクリートの開発や鉄筋の巻き方を変えた工法により，現在では鉄筋コンクリート造りの超高層住宅が実現している。タワーマンションは一般の高層マンションに比べて建設費が割高になるが，これは眺望のよさなどにより

第4節　大都市都心地区におけるマンションの立地増加の社会・経済的背景　59

表 3-8　東京湾岸地域で 2014 年以降に完成するおもなタワーマンション（総戸数 1,000 以上）

名　　称	立地地区	事　業　主	総戸数	竣工予定年
勝どきザ・タワー	東京都中央区勝どき	再開発組合	1,420	2016
勝どき東地区再開発	東京都中央区勝どき	再開発組合	3,020	2020 ほか
ドゥ・トゥール	東京都中央区晴海	住友不動産	1,450	2015
中央区晴海 2 丁目計画	東京都中央区晴海	三井不動産レジデンシャル	1,120	2017
スカイズタワー&ガーデン	東京都江東区豊洲	三井不動産レジデンシャルほか	1,110	2014
ARIAKE Garden City	東京都江東区有明	住友不動産	2,000	2018

出典：日経アーキテクチュア編（2014）の表を一部改変して作成.

単位面積当たりの売価が高いことで相殺されている。このようなことから，オフィスなどを含む超高層建築に占める超高層マンションの割合は増加を続け，東京都区部においては，2004 年以降はオフィスの割合を抜いてマンションが最多の用途となった（芳賀，2007）。

　平山（2006）は，マンション開発の 1990 年代末からのトレンドは超高層化と大規模化であり，階数が 20 階以上のタワーマンションの建設は東京都の港区・品川区・江東区にとくに多く，東京都心地区と東京湾岸地域に大量の住宅を供給したことを指摘している。さらに 2014 年以降にも東京湾岸地域では総戸数 1,000 戸以上の大規模なタワーマンションが 6 つ完成する（表 3-8）。この表の 6 つのマンションのうち，4 つが東京都中央区にあり，2 つが江東区にある。事業主は 2 つが再開発組合，4 つが大手不動産会社である。この 6 つのマンションの総戸数の合計は 10,120 戸である。

　上記のマンション供給側からみた諸要因によって，都心地区におけるマンション立地が増加したといえるが，需要（マンション入居者）の存在がこうした供給面における諸要因と同程度以上に重要である。これについて，次に検討する。

2）都心地区居住志向の社会・経済的背景

　都心地区のマンションの分譲価格はバブル期と比べると大幅に下落したとはいえ，依然として郊外のそれをかなり上回っていることを勘案すると，都心地区における人口の社会増加の背景として，居住地としての都心地区の利点または魅力が従来よりも高く評価されるようになったことを指摘できる。このような観点から，都心地区居住の一般的かつ基本的な利点・魅力を整理すると，次の 3 つに分けることができる。

60 第3章 大都市都心地域におけるマンション立地とその要因

(A) 雇用の集積（職住近接）。

(B) 中心機能の集積（多種多様な財とサービスを供給する機能への近接性が高いこと）。

(C) 公共交通の整備（自家用車を利用しないで，都心地区の従業地や中心機能へのアクセスが容易であることなど），および他の地域（郊外や他の大都市など）への交通の便もよいことなど。

　上記の（A）については，1990年代までの都心地区における雇用の増大によって，量的に多くの就業者が職住近接という点から都心地区居住を指向する人が増大したことをまず指摘できる。経済・産業のソフト化，サービス化の進展やホワイトカラーの増大などをおもな内容とする大都市における雇用の産業構造と職業構造の変容が，都心地区における従業者数を大幅に増加させたことである。この増加の中心は，オフィスにおける雇用とさまざまな飲食店や旅行代理店などのサービス業における雇用である。小長谷・富沢（1999）は，専門・管理職やソフトウェア系IT産業就業者の層が厚くなり，それが都心区の人口回復につながると論じている。こうした中心都市におけるオフィスあるいはさまざまな第3次産業における従業者の多くは，職住近接という点から潜在的な都心地区居住を望む人とみなすことがきる。要するに，都心地区における住居需要が増大したことが背景の1つである。

　上述の，量的に都心居住を指向する人が絶対的に増大したこととともに，居住地としての都心地区の上記の利点・魅力が従来よりも高く評価されるようになったことが，そこでの住宅需要の増加の背景として重要である。それには，下記の①から④の4つの社会的変化が関係している。なお，これら4つは相互に関連している場合が多いが，紙数の関係もあり，これについての論述はしない。

① 少子高齢化とこれと関係する社会的変化（例えば，高齢者世帯の増加，高齢者介護の社会化[8]）。

② 社会の富裕化（可処分所得の上昇・余暇時間の増大およびこれらのことから生じる消費行動や居住地選択行動）。

③ 女性の社会進出（多種の職種・勤務形態での女性の就業など）。

④ 単独世帯の増加（とくに女性単独世帯と高齢者単独世帯の増加。これには晩婚化や非婚化の進展も関係している）。図3-1に示したように，2010年

第4節　大都市都心地区におけるマンションの立地増加の社会・経済的背景　61

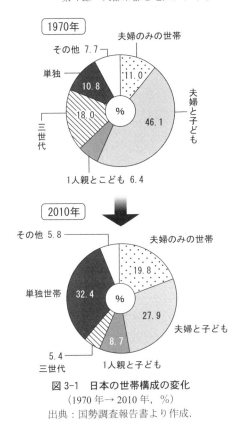

図3-1　日本の世帯構成の変化
（1970年→2010年，％）
出典：国勢調査報告書より作成．

には単独世帯数は「夫婦と子ども」世帯数を上回った。

例えば，上記の②によって都心地区の3つの利点のなかの（B）を重視する居住指向が高まったとみなすことができる。概括的にいえば，前述の都心地区の3つの利点のうち（B）と（C）の利点が，上記の①から④の社会的な変化によって従来よりも強く認識され，また高く評価されるようになったために，同地区への居住指向が高まったと考えられるのである。また，④のなかの都心地区で従業する女性単独世帯[9]および男性単独世帯の増加は，かれらがその居住地選択に際して（A）の職住近接を一般に重視することから，都心地区居住の潜在的な需要者の増加となる。このように，これら4つのことが関係して都心地区居住の指向が，1990年代後半以降のマンション価格の下落とデフレ対策としての低金利政策に起因する住宅ローンの金利の低さなどによって顕在化したと考えてよい。

東京都心地区へ他の地区から転入した人へのアンケートの結果をみても，同地区への転入の理由として上げられている上位のものは，「通勤・通学が便利になるため」と「買い物・教養・レジャーなどの便がよいため」の2つである（国土交通省編，2001a）。この2つの理由のなかに「交通の便がよい」という「公共交通の整備」が含意されていると解釈される。東京圏において2002年に実施された別の調査[10]でも，都心地区に住みたいという人があげている「（都心地区に）住みたい理由」の上位3つは「買い物などの日常生活の便利さ」「通勤の便のよさ」および「医療施設に恵まれている」である。

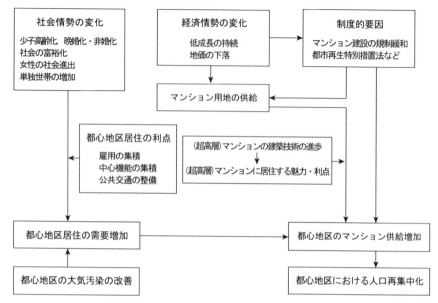

図3-2 1990年後半以降の都心地区における人口再集中化の要因
出典：著者作成.

したがって，前述の（A）〜（C）の3つの諸機能の集積に基づく利点が，都心地区への転居の主要な理由といってよい。しかし，（A）〜（C）の3つのなかのどれがおもな転居の理由かは，転入者の属性による違いがある。すなわち，高齢者のみの世帯，若年単身者，シングル女性就業者，30歳代核家族世帯などによって違いがある。例えば，退職後の高齢者のみの世帯は，医療サービスなどのさまざまな中心機能の財とサービスへの近接性を重視することから，大都市圏の郊外よりも都心地区への居住志向が強いと考えられる。都心地区で就業するシングル女性の場合は，通勤時間や深夜の帰宅の交通の便から，また余暇活動の場としての都心地区の中心機能を利用する際の近接性の重視などから，都心地区への居住志向が強い（由井，1999b；若林ほか編，2002；中澤，2003など）。最後に，日本の大都市都心地区では1960年代から70年代には自動車の排気ガスを主因とする大気汚染が深刻であったが，さまざまな対策の成果として90年代にはこの汚染度の改善がみられたことも，都心地区への居住志向に影響したことを指摘しておきたい[11]。

第5節　本章の要約

　20 世紀末〜 21 世紀初頭の大都市都心地区における人口の社会増加の実態と要因・背景は上述のとおりであるが，21 世紀中葉の都心地区における居住地と居住者はどのように変化するであろうか。それは 21 世紀の日本の社会・経済的状況，とりわけ前節の①〜④のなかの，①少子高齢化の進展，②女性の社会進出およびこの 2 つとも関連した③単独世帯の増加（とくに，女性単独世帯，高齢者単独世帯）による影響が大きいと考えられる。

　上記の 3 つのことは総じて居住地としての大都市圏の中心都市，とくにその都心地区への居住地志向を増大させるであろうし，またそれを志向する人数を増加させるであろう。例えば，都心地区で就業する単身の男女世帯，DINKS 世帯，DEWKS（Double Employed With Kids：子どもがいる共働き）世帯が増加すれば，そのなかで都心地区居住を志向する世帯数も増大すると思われる。将来の都心地区居住については，終章の第 2 節において詳細に論じたい。

　本節と前節で述べた 1990 年代以降の都心地区におけるマンション立地による人口の再集中化とそれに関する社会情勢や経済情勢などとの関連性をフローチャート図で示したものが図 3-2 である。本図の説明は終章の第 1 節で述べる。

（注）

(1) 都心 3 区別の販売棟数は次のとおりである（不動産経済研究所の資料による）．北区：23，中央区：7，西区：3．

(2) 日本経済新聞 2014 年 2 月 1 日夕刊の記事による．

(3) 当該マンションのホームページなどによる．

(4) 日本経済新聞 2014 年 2 月 1 日夕刊の記事による．

(5) 東京都心 3 区における 1999 年 1 月〜 2001 年 12 月末の期間において販売された分譲マンションの一部の居住世帯を対象とした 2003 年 2 月に実施されたアンケート調査の結果．有効回答数は 2,310 世帯（国土交通省編，2003b）．

(6) 日本経済新聞 2001 年 8 月 6 日朝刊の記事による．

(7) 川崎（2009）によれば，竣工戸数である 18,858 戸を平成 15 年住宅・土地統計調査による東京都中央区の住宅総戸数 53,440 戸で除し，住宅ストック総数に占める附置

64   第3章　大都市都心地域におけるマンション立地とその要因

住宅の割合を算出すると 35.3% となる.

(8) 2000 年 4 月から施行された介護保険法により，高齢者の介護が従来の在宅から特別養護老人ホームなどにおける施設での介護が多くなってきた．この変化によって，高齢者と同居する世帯数が少なくなる．自宅での高齢者介護の必要がない世帯の場合，世帯主の定年退職後の居住地選択の自由度は高くなる．大都市圏郊外に居住する世帯の場合，その選択肢の 1 つとして大都市都心地区の比重が高くなると考えられる.

(9) 働くシングル女性の持ち家志向が高いことは指摘されている．1998 年の住宅・土地統計調査によれば，男性の単身世帯の持ち家率は 17% であるのに対して，女性単身世帯のそれは 37% であり，両者間の差が大きい．女性のこの高さが，大都市都心地区における分譲マンションの需要に寄与している.

(10) 東京圏の 15 〜 69 歳の男女 4,200 人を対象として，読売新聞社が実施した「将来,都心と郊外のどちらに住みたいか」をアンケート調査し（有効回答数は 3,030 人），都心と答えた 863 人が選択した「将来,都心に住みたい理由（複数回答）」による（読売 AD リポート 2003.6）.

(11) 本書の第 4 章で述べるように，大阪市都心地区における高層マンションの住民の住まいの最多の不満点は「大気汚染や騒音」であり，最近でも大気汚染問題は大きな問題であることが明らかである．しかし，1960 年代の汚染度と比較すると格段にその程度は低くなった.

第2部　大都市圏におけるマンション居住と居住地選好

第4章 大都市都心地区における新規マンション 居住者の居住満足度と定住意識
－大阪市の事例－

は じ め に

　第2章で明らかになったように，大都市都心地区における人口の再集中化は都心地区以外からの転入者の増加によるところが大きい。この転入者のおもな受け皿ともいうべき住宅は，同地区において新規に立地したマンションである。この都心地区の新規のマンション居住者の居住満足度および定住意識はどのようなものであろうか。大都市都心地区における新規分譲マンション居住者に対する居住満足度および定住意識を調査したものとして，次の2つがある。

　居住満足度については，東京の都心部および臨海部の新規分譲マンション居住者を対象とした国土交通省の調査のなかで，居住満足度を調査している（国土交通省編，2003b）[1]。これは，上記のマンション居住者を対象として「現在の住まいの総合的な満足度」について5つの選択肢から回答させる形式である。この結果は「満足している（45.1％）」と「どちらかといえば満足している（45.8％）」をあわせた割合は90.9％であり，満足している居住者がほとんどである。定住意識の調査はされていないが，この高い割合から，定住志向の居住者の割合も高いと推察される。

　定住意識については，仙台市都心部において1992年以降に供給された分譲マンション居住者を対象とした2001年に実施された調査がある（榊原・松岡・宮澤，2003）。これによれば，定住志向の世帯は全体の31％であり，40％の世帯は転居を予定，残る29％はわからないという回答であった。しかし，定住志向の割合は世帯の属性によって違いが大きいことも指摘されている。例えば，60歳以上の単独世帯と夫婦のみ世帯の80％は定住希望であるが，若い年代の世帯では転出を希望する割合が55％である。

　上記のように，都心地区の分譲マンション居住者の定住意識は，家族構成など

68　第4章　大都市都心地区における新規マンション居住者の居住満足度と定住意識

表 4-1　調査対象マンションの概要

マンションコード	A	B	C	D
1　所在地	北区菅原町	浪速区湊町	中央区高津	中央区瓦町
2　路線名・駅名	谷町線南森駅徒歩5分	御堂筋線難波駅徒歩1分	谷町線谷町9丁目徒歩4分	鶴見緑地線松屋町駅徒歩4分
3　戸数	360	261	122	42
4　階数	39	28	20	12
5　平均価格（万円）	4,216	4,361	2,707	3,167
6　平均面積（m²）	74	83	68	58
7　最低分譲価格（万円）	1,940	1,780	1,760	1,940
8　最高分譲価格（万円）	14,500	8,400	3,860	4,359
9　最小専有面積（m²）	38	43	60	50
10　最大専有面積（m²）	142	121	77	66
11　主要間取	3LDK	2LDK	3LDK	3LDK
12　竣工日	2003年3月	2002年7月	2003年3月	2002年5月
13　初月契約率（%）	即日完売	即日完売	73	50
14　駐車台数	263	192	122	17

出典：不動産経済研究所の資料により作成.

によって異なる。例えば，核家族世帯と単独世帯との違いなどである。また，マンションのグレードなど居住するマンションの属性による違いもあると考えられる。このような点を考慮して，大阪市の都心地区において近年に立地した分譲マンション居住者のマンションを購入した理由，居住満足度および定住意識などを把握することが本章の目的である。

第1節　調査の方法と回答世帯の概要

1）調査の方法と調査対象マンション

　大阪市の都心5区において2002～03年に立地した民間分譲マンションのなかから，ワンルーム専用マンションおよびワンルームの割合が多いと思われるマンションを除き，さらにマンションの管理組合の協力が得られた4つのマンションを調査対象マンションとした。これらのマンションの概要は表4-1のとおりである。以下，本章ではこの表の4つのマンションをA，B，C，Dと表記する。

　マンションAはJR大阪駅から直線距離で約1,300mに位置する，市街地再開発事業として建設された39階建ての超高層タワーマンションである。このマンションの平均分譲価格は4,216万円，最高分譲価格は14,500万円の高級マンショ

ンである。販売初月契約は即日完売と人気が高かった。マンションBは，JR難波駅から徒歩1分に位置する，28階建ての超高層タワーマンションである。このマンションの平均分譲価格は4,361万円であり，最高分譲価格は8,400万円の高級マンションであり，販売初月契約は即日完売であった。

マンションCは，中央区高津に立地する20階建ての高層マンションである。このマンションの平均分譲価格は2,707万円であり，最高分譲価格は3,860円である。マンションDは，中央区瓦町に立地する12階建てのマンションである。このマンションの平均分譲価格は3,167万円であり，最高分譲価格は4,359万円である。

上述のことから，マンションAとBはともに階数と分譲価格などからみて，高級な超高層タワーマンションであり，これに対して，マンションCとDは，いわば普通の高層分譲マンションといえる。調査時期は2004年2～4月である。各マンションに入居する世帯の郵便受けに調査依頼状，アンケート調査表，返信用封筒を入れて，後日アンケート調査表を郵送してもらった。アンケート調査の内容は，世帯の属性と前の居住地など，マンションの購入理由，マンションの住み心地などの居住満足度，近隣地区の環境の評価，定住意識などである。調査票の設問形式は該当する事項を選択する形式を基本とするが，一部の設問は自由記入形式である。

2) 回答世帯の概要

マンション別の回答世帯数などは表4-2のとおりである。回答世帯数は271であり，調査表の配布数に対する回答数の割合は37.9%であった。回答世帯の属性の概要および都心地区のマンションへ転居する直前の居住地などの集計結果は，次のとおりである（表4-3～表4-6）。

表4-2 アンケート調査表の配布数と回答率

マンションコード	配布数	回答数	回答率（%）
A	304	130	42.4
B	261	101	38.7
C	115	28	24.3
D	35	12	34.3
計	715	271	37.9

表 4-3　回答世帯の属性別集計

属　　性		世 帯 数	属　　性		世 帯 数
世帯主の年代	20 歳代以下	5	所有形態	自己所有	258
	30 歳代	70		賃貸	9
	40 歳代	57		その他	3
	50 歳代	63		計	270
	60 歳代	52	専有床面積	39m^2 以下	3
	70 歳代以上	24		40 ～ 59m^2	31
	計	271		60 ～ 79m^2	148
世帯主の性	男	157		80 ～ 99m^2	69
	女	58		100m^2 以上	16
	計	215		計	268
家族構成	1 人	82	前の住居形態	賃貸住宅	85
	夫婦 2 人	88		分譲マンション	58
	夫婦 2 人と子ども	57		持ち家一戸建て	86
	その他	33		社宅・寮・官舎	11
	計	260		親・親戚等の家	27
居住年数	1 年未満	57		その他	2
	1 年～ 3 年	212		計	269
	計	269			

出典：アンケート調査により作成.

① 世帯主の年代：30 歳代が最多であり（25.8%），これに次いで多いのが 60 歳代，40 歳代である。70 歳代以上の割合は（8.9%）である。世帯主の年代別比率は，次の②で述べる家族類型による違いがある[2]。

② 家族構成：夫婦 2 人世帯が最多である（33.8%）。単独世帯がこれに次ぐ（31.5%）。核家族世帯（夫婦 2 人と子どもの世帯）は 21.9% である。本章ではこれら 3 つの区分を家族類型と呼ぶ。単独世帯（N=61）の性別は女性が 62.3% であり，60 歳代以上の単独世帯(N=14)に限れば女性が 85.7% を占める。

③ 現在の住まいの居住年数：回答世帯数の 79% が「1 年～ 3 年未満」の居住年数であり，21% が 1 年未満の居住期間である。なかには入居して 1 週間という世帯もある。

④ 住宅の所有関係は，自己所有がほとんどであり（95.6%），賃貸と「その他」はわずかである。「その他」はすべて借り上げ社宅である。

⑤ 専有床面積：60 ～ 79m^2 が過半を占める(55.2%)。次いで 80 ～ 99 m^2 (25.7%)が多い。100 m^2 以上の床面積の世帯数の割合は 6% である。

⑥ マンション入居前の住居形態：最多の住居形態は持ち家一戸建て（31.9%）

第 1 節　調査の方法と回答世帯の概要　71

表 4-4　回答世帯の前居住地域

地 域 区 分	世 帯 数	割合（%）	内　　　訳　（世帯数）
大阪市都心 5 区	83	31.2	中央区：17，北区：27，西区：10，天王寺区：8，浪速区：21
その他の大阪市	56	21.2	都島区：6，城東区：6，住吉区：5
大阪府（大阪市を除く）	69	25.9	堺市：12，河内長野市：9，東大阪市：9
近畿地方（大阪府を除く）	48	18.0	兵庫県：16，奈良県：19，和歌山県：1，京都府：6，滋賀県：4，三重県：2
その他	10	3.8	岐阜県：1，東京都：2，岡山市：1，千葉県：2，名古屋市：1
計	266	100.0	

出典：アンケート調査により作成.
（注）内訳は主要なもののみ記載.

であるが，賃貸住宅もこれとほぼ同数である（31.6%）。分譲マンションの割合は 21.6% である。持ち家一戸建てからの転居がおよそ 3 分の 1 を占めていることが注目される[3]。既述の仙台市都心部におけるマンションの場合では，マンション入居前の住居形態が持ち家一戸建ての割合は 19.9% であり（榊原・松岡・宮澤，2003），これよりも多い。

⑦　前居住地（表 4-4）：前居住地は大阪市とそれ以外がほぼ同数である。大阪市のなかでは，大阪市都心 5 区が最多である（31.2%）。都心 5 区のなかの北区と浪速区を前居住地とする世帯が多いのは，調査した 4 つのマンションのなかで回答世帯数が多いマンション A と B がこの 2 つの区に立地していることの影響が大きいと考えられる。「その他の大阪市」の割合は 21.2% であり，大阪市都心 5 区とあわせた大阪市の割合は 52.4% を占める。大阪府（大阪市を除く）の割合は 25.9% である。大阪府を除く近畿地方の割合は 18.0% であり，兵庫県と奈良県が多い。「その他」のなかには，東京都，千葉県などがある。

⑧　世帯主の勤務地（表 4-5）：大阪市都心 5 区を勤務地とする世帯が 57.5% で最も多い。なかでも中央区と北区が多い。「その他の大阪市」を加えると大阪市の割合は 75.4% になる。勤務地を大阪市外と回答した世帯は 24.6% であり，これらの世帯の多くは，世帯主の職住近接を最重視して現在のマンションを選択したのではないと考えられる。

⑨　前の住居が持ち家の場合の前住居の状況（表 4-6）：「売却済み（37.3%）」と「自宅（別宅として家族の誰かが住んでいる（35.9%）」がほぼ同数である。

72　第 4 章　大都市都心地区における新規マンション居住者の居住満足度と定住意識

表 4-5　回答世帯の世帯主の勤務地域

地 域 区 分	世帯数	割合（%）	内　　　訳　　（世帯数）
大阪市都心 5 区	129	57.5	中央区：58，北区：47，西区：13，天王寺区：1，浪速区：10
その他の大阪市	40	17.9	平野区：5，港区：3，住之江区：3
大阪府（大阪市を除く）	40	17.9	堺市：5，東大阪市：4，吹田市：4
近畿地方（大阪府を除く）	11	4.9	兵庫県：4，奈良県：1，和歌山県：1，京都府：4，滋賀県：2，三重県：2
その他	4	1.8	岐阜県：1，東京都：1，静岡市：1，福岡市：1
計	224	100.0	

出典：アンケート調査により作成.
（注）内訳は主要なもののみ記載.

表 4-6　前住居が自己所有の場合の前住居の状況

前住居の状況	世 帯 数	割合（%）
売却済み	54	37.3
売却中	5	3.4
貸している	15	10.3
自宅（別宅）として家族の誰かが住んでいる	52	35.9
その他	19	13.1
計	145	100.0

出典：アンケート調査により作成.

　後者の割合が 30％台であることが注目される。この事実は，今後の大都市圏における居住の様式を考える際に考慮すべきことの 1 つであろう。換言すれば，都心地区における新規分譲マンション居住者のかなり多くは，別に持ち家があるという事実であり，今後はこうした複数持ち家世帯がかなり大きな割合を占めるものと判断してよいであろう。この複数持ち家世帯の詳細については，本調査では把握していない。

3) 分析の方法

　マンションの購入理由や居住満足度に関する分析の基本は，マンション別の分析である。この理由は，マンションの立地場所やマンション自体のグレードなどが，マンション購入の理由や居住満足度に大きな影響があると考えられるからである。マンション別の分析に際しては，マンション C と D は回答世帯数が少なく，またマンションの立地地区が近く，さらにマンションのグレードがほぼ同じといことから，これら 2 つのマンションをひとまとめにしてマンション C・D とし

て分析する。

　既述のように，都心地区居住者の定住意識などは，世帯の属性のなかでとくに世帯の家族類型による違いがあると考えられる。本章ではその違いを検証するために，核家族世帯（夫婦2人と子どもの世帯）と中年シングル女性世帯[4]を抽出して分析する。中年シングル女性世帯を取り上げるのは，同世帯の大都市都心地区におけるマンション購入は多くなっているが（由井，2003など），他の家族類型とのマンション購入理由やその定住意識などについての違いに関する既往の研究はないからである。

　回答結果のマンション別の差あるいは家族類型別の差の有無を検定するために，カイ二乗検定または比率の差の検定を行った。これらの検定の有意水準はすべて0.05である（有意水準の記載を省略した場合もある）。

第2節　マンションの購入理由と近隣地区の環境評価

1）　マンションの購入理由

　マンションを購入（賃貸）した理由についての設問は，表4-7に記載の17の理由のなかから主要なもの（2つ以内）と該当するものすべてを選択する形式である。この17の理由は，マンション自体に関するもの（例えば，「新築マンションであった」）とマンションが立地する場所や地区に関するもの（例えば，「交通の便がよい」）に大きく二分できる。

（1）主要な購入理由

　マンション別に主要な理由をみると，いずれのマンションでも「交通の便がよい」または「通勤（仕事）に便利」が最多の理由であることがわかる（表4-7）。とくにマンションBでは，「交通の便がよい」をあげた世帯の割合（55％）が他のマンションより多い。これは，JR難波駅から徒歩1分というマンションの立地特性に基づいている。これら2つに次いで多い理由は，マンションによって違いがある。マンションAでは「部屋からの眺望」「マンションのグレードが高い」が，マンションC・Dでは「分譲価格が適当」「買い物など生活の利便性」「新築マンションであった」があげられている。

　該当する理由すべてについての集計結果の要点は次のとおりである。4つのマ

74　第4章　大都市都心地区における新規マンション居住者の居住満足度と定住意識

表 4-7　マンション購入の理由（%）

	主 要 理 由				該 当 す る 理 由			
	マンションコード			計	マンションコード			計
	A	B	C・D		A	B	C・D	
①交通の便がよい	23.8	54.5	25.0	35.4	46.9	39.6	40.0	43.2
②通勤（仕事）に便利	26.2	29.7	32.5	28.4	26.9	34.7	30.0	30.3
③子どもの通学に便利	3.8	1.0	2.5	2.6	5.4	3.0	2.5	4.1
④梅田または難波に近い	6.2	6.9	10.0	7.0	37.7	35.6	17.5	33.9
⑤分譲（賃貸）価格が適当	2.3	5.0	20.0	5.9	16.9	18.8	27.5	19.2
⑥資産価値がある	6.9	5.9	2.5	5.9	29.2	22.8	7.5	23.6
⑦部屋の広さ・間取り	4.6	4.0	2.5	4.1	26.2	23.8	30.0	25.8
⑧部屋からの眺望	13.1	7.9	2.5	9.6	37.7	29.7	20.0	32.1
⑨駐車場が敷地内にある	1.5	1.0	2.5	1.5	20.0	7.9	7.5	13.7
⑩セキュリティ・管理がよい	7.7	5.0	5.0	6.3	47.7	28.7	30.0	38.0
⑪買い物など生活の利便性	6.2	1.0	17.5	5.9	26.9	30.7	32.5	29.2
⑫新築マンションであった	2.3	2.0	15.0	4.1	44.6	41.6	37.5	42.4
⑬前の住居と近い	2.3	4.0	0.0	2.6	1.5	6.9	15.0	5.5
⑭親・子ども・友人の住居に近い	6.9	3.0	10.0	5.9	10.0	7.9	5.0	8.5
⑮地域・町のイメージがよい	5.4	0.0	0.0	2.6	26.9	4.0	5.0	15.1
⑯マンションのグレードが高い	13.8	6.9	2.5	9.6	40.0	24.8	5.0	29.2
⑰その他	3.1	1.0	5.0	2.6	4.6	0.0	5.0	3.0
回答世帯数	130	101	40	271	130	101	40	271

出典：アンケート調査により作成.
（注1）回答世帯数に対するある項目を選択した世帯数の%を示す.
（注2）主要理由は2つ以内の複数回答.

ンション計の最多の理由は，「交通の便がよい」と「新築マンションであった」であり，これらに次いで多い購入理由は「（マンションの）セキュリティ・管理がよい」「梅田・難波に近い」「部屋からの眺望がよい」「通勤（仕事）に便利」「買い物などの生活の利便性」「マンションのグレードが高い」である。マンション別の違いとして指摘できることは，マンションAでは「マンションのグレードが高い」と「地域・町のイメージがよい」の割合が相対的に高いことと，マンションC・Dでは「資産価値がある」および「マンションのグレードが高い」の割合が相対的に低いことである。

　上述のことから，都心地区マンション購入の主要理由は，都心地区のもつ固有の地区特性である「交通の便がよい」「通勤（仕事）に便利」であることが明らかである。都心地区居住の一般的かつ基本的な利点・魅力は，第3章で述べたように，①雇用の集積（職住近接），②中心機能の集積（多種多様な財とサービスを供給する機能への近接性が高いこと），③公共交通の整備の3つであるが，上

第2節　マンションの購入理由と近隣地区の環境評価　75

記の結果は，これら3つのなかで①と③がマンション購入のおもな理由であることを示している。

　しかし上記の①と③とは関係がない，マンションそれ自体のもつ諸属性もかなり重要なマンション購入の理由であることも明らかである。すなわち，「新築マンションであった」「セキュリティ・管理がよい」「部屋からの眺望がよい」「マンションのグレードが高い」という理由をあげる回答世帯が相当数存在するのである。これは前述したように，主要な理由のなかでもまた該当するすべての理由のなかでもみられる。ここであげられたマンションの重要な属性は，「新規の高級超高層マンション」であることと総括できる。

(2)「その他」の購入理由

　マンションの購入理由の選択肢のなかの「その他」を選択した回答のなかには，具体的に「その他」の理由が記載したものもある。その内容を整理すると，前述の都心地区居住の一般的な利点・魅力の1つである「②中心機能の集積」に関することを記載した世帯もかなり多く存在することがわかった。これに該当する事例は次のとおりである。マンションAでは，「将来の病院通いに便利」「（近くに）コンサートホール，美術館，図書館などがある」，マンションC・Dでは「よい学校が近くに多くある」「公共施設が近い」「病院に通いやすい」である。したがって，前述の②もまた当該マンション購入の理由であることが明らかである。

　上記のことに該当しない「その他」の理由の具体的な事例は，「元地権者」「都心の高層マンションに住むのが夢だったから」「近所付き合いをしたくなかった」「ホテル代わりに使う予定で購入した」「高齢の両親にとって前住居が住みづらいため，バリアフリーの住居を求めて」などである。

(3) 核家族世帯とシングル女性世帯の比較

　核家族世帯と中年シングル女性世帯（以下，シングル女性世帯と略す場合もある）別のマンション購入のおもな理由の集計結果は表4-8のとおりである。マンション別にみると，両世帯ともに「交通の便がよい」または「通勤（仕事）に便利」の割合が高いことがわかる。両世帯の間でこれらの2つの割合にかなりの差がみられる場合（例えば，マンションAの「交通の便がよい」の割合）もあるが，比率の差の検定結果（5％水準）は有意ではない。さらに，これら2つ以外の理由のなかで，両世帯の間で割合に差がかなりある事例として，マンション

76　第 4 章　大都市都心地区における新規マンション居住者の居住満足度と定住意識

表 4-8　核家族世帯と中年シングル女性世帯のマンション購入の主要理由（%）

	マンションコード						計	
	A		B		C・D			
	核家族	シングル女性	核家族	シングル女性	核家族	シングル女性	核家族	シングル女性
①交通の便がよい	11.5	37.5	47.6	46.2	20.0	0.0	26.3	32.1
②通勤（仕事）に便利	38.5	12.5	38.1	38.5	20.0	28.6	35.1	28.6
③子どもの通学に便利	15.4	0.0	4.8	0.0	10.0	0.0	10.5	0.0
④梅田または難波に近い	11.5	0.0	0.0	7.7	20.0	14.3	8.8	7.1
⑤分譲（賃貸）価格が適当	0.0	0.0	4.8	7.7	10.0	28.6	3.5	10.7
⑥資産価値がある	0.0	0.0	9.5	0.0	0.0	0.0	3.5	0.0
⑦部屋の広さ・間取り	0.0	0.0	9.5	15.4	0.0	0.0	3.5	7.1
⑧部屋からの眺望	11.5	0.0	14.3	7.7	10.0	0.0	12.3	3.6
⑨駐車場が敷地内にある	0.0	0.0	0.0	0.0	0.0	0.0	0.0	0.0
⑩セキュリティ・管理がよい	7.7	25.0	0.0	7.7	10.0	0.0	5.3	10.7
⑪買い物など生活の利便性	3.8	12.5	0.0	0.0	10.0	14.3	3.5	7.1
⑫新築マンションであった	0.0	0.0	9.5	0.0	10.0	14.3	5.3	3.6
⑬前の住居と近い	0.0	0.0	0.0	7.7	0.0	0.0	0.0	3.6
⑭親・子ども・友人の住居に近い	19.2	0.0	4.8	0.0	10.0	14.3	12.3	3.6
⑮地域・町のイメージがよい	7.7	0.0	0.0	0.0	0.0	0.0	3.5	0.0
⑯マンションのグレードが高い	15.4	25.0	4.8	15.4	0.0	14.3	8.8	17.9
⑰その他	3.8	0.0	0.0	0.0	0.0	28.6	1.8	7.1
回答世帯数	26	8	21	13	10	7	57	28

出典：アンケート調査により作成.
（注 1）回答世帯数に対するある項目を選択した世帯数の％を示す.
（注 2）2 つ以内の複数回答.

A における「親・子ども・友人の住居に近い」「子どもの通学に便利」「セキュリティ・管理がよい」やマンション C・D における「分譲価格が適当」などがあげられる。しかし，これらについて比率の差の検定をしたところ，いずれも有意な差ではないことがわかった。したがって，核家族世帯と中年シングル女性世帯の間には，マンション購入のおもな理由についての大きな違いはないと結論できる。

2）マンションと近隣地区の環境の問題点

　居住するマンションや近隣の生活環境に関して不便・不満である，または問題があることについての設問は，表 4-9 に記載の 15 の事項のなかから主要なもの（2つ以内）と該当するものすべてを選択する形式である。この 15 の事項は，マンション自体に関すること（例えば，部屋の日当たり）とマンションが立地する近隣地区に関するもの（例えば，日常的な買い物の便）に分けられる。

第2節　マンションの購入理由と近隣地区の環境評価　77

表 4-9　マンション・近隣地区の問題点（%）

	主要な問題点				該当する問題点			
	マンションコード			計	マンションコード			計
	A	B	C・D		A	B	C・D	
①最寄の鉄道駅への距離	0.8	0.0	2.5	0.7	1.5	2.0	10.0	3.0
②日常的な買い物の便	21.5	34.7	2.5	23.6	16.2	19.8	2.5	15.5
③小・中学校の近さ	0.0	2.0	0.0	0.7	0.8	2.0	2.5	1.5
④保育園・幼稚園の近さ	1.5	0.0	0.0	0.7	0.8	2.0	0.0	1.1
⑤近隣の医療施設	3.1	5.0	2.5	3.7	3.8	5.0	2.5	4.1
⑥近隣のサービス業	0.8	3.0	0.0	1.5	0.8	6.9	2.5	3.3
⑦近隣の飲食店	0.8	5.0	2.5	2.6	2.3	4.0	5.0	3.3
⑧公園・緑地などのオープンスペース	2.3	6.9	15.0	5.9	3.8	8.9	5.0	5.9
⑨騒音や大気汚染	62.3	30.7	47.5	48.3	6.2	16.8	15.0	11.4
⑩近隣地区の防犯・治安面	3.1	8.9	30.0	9.2	5.4	14.9	25.0	11.8
⑪部屋の日当たり	2.3	2.0	2.5	2.2	0.8	7.9	10.0	4.8
⑫マンションのセキュリティ・管理	2.3	1.0	0.0	1.5	1.5	3.0	2.5	2.2
⑬同じマンションの入居者	0.8	1.0	2.5	1.1	1.5	4.0	7.5	3.3
⑭部屋の広さや間取り	5.4	6.9	10.0	6.6	10.0	5.0	7.5	7.7
⑮その他	3.8	5.9	12.5	5.9	0.8	2.0	0.0	1.1
回答世帯数	130	101	40	271	130	101	40	271

出典：アンケート調査により作成.
（注1）回答世帯数に対するある項目を選択した世帯数の%を示す.
（注2）主要な問題点は2つ以内の複数回答.

　上記の主要なものについてのマンション別の集計結果は次のとおりである。マンションAでは「騒音や大気汚染」が最多（62%）である。これを問題とする世帯が多いのは，同マンションの近くに阪神高速道路が通っているためである。これに次いで多いのは「日常的な買い物の便」である。マンションBにおいては「日常的な買い物の便」と「騒音や大気汚染」がほぼ同数で最多であり，マンションC・Dでは「騒音や大気汚染」が最多であり，これに次ぐのは「近隣地区の防犯・治安面」である。

　以上のことから，「騒音や大気汚染」が4つのマンションに共通して大きな問題であり，マンションの立地場所によって「日常的な買い物の便」または「近隣地区の防犯・治安面」が大きな不満点・問題点であることがわかった[5]。このように，大きな問題としては近隣の生活環境に関する事項が上位を占め，マンション自体に関する事項は上位にはみられない。これに大きく影響していることは，調査した4つのマンションが新築されて数年以内ということとマンションAとBのグレードが高いことであると考えてよい。また，マンションの間取り，仕様

および管理体制などは入居前に認識しているのに対して，周辺の環境については
マンションに入居して生活を始めてからわかることが多いということも，この結
果にあらわれているといってよい。さらにいえば，マンションの完成以前に分譲
マンションの購入決定をすることが多く，購入決定に際してモデルルームはその
判断材料にするが，マンションの周辺環境を仔細に検討することはほとんどない
ということも関係している。

　該当するものすべての項目の集計結果のなかで，相対的に多くの世帯があげた
問題点もマンションによる違いが認められる（表4-9）。すなわち，マンション
Aでは「日常的な買い物の便」「部屋の広さや間取り」が，マンションBでは「日
常的な買い物の便」「騒音や大気汚染」「近隣地区の防犯・治安面」が，そしてマ
ンションC・Dでは「近隣地区の防犯・治安面」「騒音や大気汚染」「最寄りの鉄
道駅への距離」「部屋の日当たり」があげられている。

　「その他」を選択した回答のなかで，具体的なその理由の記載事例は次のとお
りである。マンションAでは「風害」，マンションBでは「風が強い」「町が汚い」「近
隣に高層マンションができること」「管理組合の運営」，マンションC・Dでは「近
隣にファッション（ラブ）ホテルが多い」である。

　マンション別の核家族世帯とシングル女性世帯の間の有意な差として認められ
たのは，マンションC・Dにおける「近隣地区の防犯・治安面」の比率が核家族
世帯よりもシングル女性で高いことのみである（表は省略）。

第3節　居住満足度について

　居住の満足度は，「居住するマンションに関する満足度（以下，マンションの
住み心地という）」と「居住する近隣地区の環境や生活の利便性についての満足度」
の2つに分けることができる。本章のアンケート調査ではこの2つについての設
問を設けた。以下は，この2つの点からみた居住満足度についての結果である。

1)　マンションの住み心地

　全回答世帯のマンションの住み心地についての集計結果は表4-10のとおり
である。4つのマンションの計では，「満足している（37.8%）」「まあまあ満足

第 3 節　居住満足度について　79

表 4-10　マンションの住み心地についての満足度（%）

マンションコード	満足している	まあまあ満足	やや不満	かなり不満	計	
					%	N
A	43.4	49.6	3.9	3.1	100.0	129
B	35.6	57.4	6.9	0.0	100.0	101
C・D	25.0	65.0	10.0	0.0	100.0	40
計	37.8	54.8	5.9	1.5	100.0	270

出典：アンケート調査により作成.

（54.4%）」をあわせた割合は 92.6% であり，ほとんどの世帯が一応満足していることがわかる。これに対して，「やや不満（5.9%）」と「かなり不満（1.5%）」をあわせた世帯の割合は 7.4% とわずかである。

　マンション A の「満足している（43.4%）」の割合が他のマンションよりも多いのは，このマンションのグレードが高いことを反映した結果と考えてよい。しかし，表 4-13 についてのカイ二乗検定の結果は有意水準 0.05 で有意ではない。したがって，マンション別にみたマンションの住み心地の差は認められないといえる。しかし，マンション別の「満足している」世帯の比率を検定したところ，マンション A とマンション C・D の間のみ有意な差があることがわかった。マンション A のほうがマンション C・D よりも「満足している」世帯の割合が多いのである。これは既に述べたように，前者のマンションのグレードが高いことによると考えてよい。

2）近隣地区の住環境・生活の利便性の満足度

　全回答世帯の 4 つのマンションの計では，「満足している（25.2%）」と「まあまあ満足（60.4%）」をあわせた割合は約 85% であり，多くの世帯が一応満足していることがわかる（表 4-14）。これに対して，「やや不満（12.2%）」と「かなり不満（1.9%）」をあわせた不満世帯の割合は約 15% であり，前述のマンションの住み心地についての不満世帯の割合より多い。また，「満足している」と回答した世帯の割合（25.2%）は，マンションの住み心地のそれ（37.8%）よりも低い。したがって，近隣地区の住環境・生活の利便性（以下では，「近隣地区の住環境」と略す場合もある）に関する満足度は，マンション自体の住み心地の満足度よりもやや低いといえる。

80　第 4 章　大都市都心地区における新規マンション居住者の居住満足度と定住意識

表 4-11　近隣地区の環境・生活利便性についての満足度 (%)

マンションコード	満足している	まあまあ満足	やや不満	かなり不満	計	
					%	N
A	32.3	56.9	8.5	2.3	100.0	129
B	22.0	61.0	16.0	1.0	100.0	101
C・D	10.0	70.0	20.0	8.3	100.0	40
計	25.2	60.4	12.6	1.8	100.0	270

出典：アンケート調査により作成.

　表 4-11 についてのカイ二乗検定の結果は有意水準 0.05 で有意であり，マンションによって近隣地区の住環境に対する満足度に差があることが明らかである。具体的にいえば，「満足している」という世帯の割合は，マンション A では 32.3%と比較的高いが，マンション B では 22.0%，マンション C・D では 10.0%と低いのである。このことから，都心地区といっても近隣地区の住環境・生活の利便性という点からは，マンションの立地場所による大きな差異があることがわかる。

3）東京都心地区のマンション居住者との比較

　本章の冒頭で述べた，2003 年調査の東京都心部および臨海部の新規分譲マンションを対象とした居住者満足度に関する調査結果と，本調査の前述の 2 つの居住満足度についての結果を比較する。ここでは，居住満足度について「満足していない」あるいは「不満」と回答した世帯の割合を，比率の差の検定によって有意な差があるかどうか判定する。

　東京都の場合，現在の住まいの総合的な満足度のなかで，「満足していない(1.5%)」と「どちらかといえば満足していない(2.5%)」をあわせた割合は 4.0%（N=92）である。大阪市の場合，マンションの住み心地が「やや不満（5.9%）」と「かなり不満（1.5%）」をあわせた世帯の割合は 7.4%であり，近隣地区の住環境について「やや不満（12.2%）」と「かなり不満（1.9%）」をあわせた不満世帯数の割合は 14.1%（N=39）である。

　比率の差の検定結果（5%有意水準）は，両者ともに有意な差がある。したがって，大阪市都心地区の新規分譲マンションの場合は，東京都心部および臨海部の新規分譲マンションよりも居住満足度についてみると，満足していない割合が高いといえる。ただし，東京都の調査は都心部と臨海部のマンションの両方をあわ

第 3 節　居住満足度について　　81

表 4-12　マンションと近隣地区への具体的な要望・不満の分類別世帯数

| | マンションコード | | | 計 |
	A	B	C・D	
スーパーマーケットに対する要望	17	6	1	24
ファッションホテルへの不満	0	0	3	3
自然環境に対する要望	1	3	1	5
救急車の騒音	0	2	0	2
高速道路の騒音	31	1	1	33
上階の騒音	0	0	1	1
大気汚染	3	1	2	6
ペットを飼いたい	0	1	1	2
近隣地区の治安や防犯	0	1	5	6
ホームレスに対する苦情	7	0	0	7
近所付き合いのなさに対する不満	2	0	2	4
計	65	15	17	97

出典：アンケート調査により作成.

せた結果であるので，都心部のみのマンションを対象とした場合は，これと異な
る結果となるかもしれない。さらにいえば，東京都の場合は「住まいの総合的な
満足度」であるので，これを本章の調査のように「マンションの住み心地につい
ての満足度」と「近隣地区の住環境についての満足度」に分けた場合は，上記と
異なる結果となることも考えられる。

4）マンションと近隣地区についての要望事項

　マンションや近隣地区の住環境についての自由記入欄に記載された不満や問題
点にかかわる内容を表4-12に記載のように分類して，マンション別に集計して
みると，マンションによってその中心的な内容が異なることが明らかである。こ
のマンション別の違いは，第3節2）で述べた「マンションと近隣地区の環境の
主要な問題点」についてのマンション別の違いとほぼ同じである。

　マンションAでは「高速道路の騒音」が最多である。したがって，既述のよ
うに同マンションでの近隣地区の問題点として「騒音や大気汚染」が最多であっ
たが，おもな問題点は「大気汚染」ではなく「騒音」であることが明らかである。
これに次いで「スーパーマーケットが近くにない」などの「スーパーマーケット
に対する要望」と「ホームレスに対する苦情」[6] が多い。マンションBでは「スー
パーマーケットに対する要望」が最多であり，次いで「自然環境に対する要望」
が多い。マンションC・Dでは「近隣地区の治安や防犯」[7] が最も多く，「ファッ

82 第4章 大都市都心地区における新規マンション居住者の居住満足度と定住意識

ションホテルへの不満」[8] がこれに次ぐ。

　上記の自由記入欄の具体的な記入事例は，次のとおりである。「スーパーマーケットが近くになく，近隣地区の商店街は休日休みで夕方閉まるのもはやい」「高速道路の音がうるさい。マンションの高層階での（自動車）騒音が激しいことを実感」「24時間利用できるスーパーがほしい」「スーパーマーケット，公園，病院の充実」「もっと緑をふやしてほしい」「排気ガスによるベランダの汚れが驚くほど」「公立中学校の校区が広すぎて，中学校まで遠い」。

　このように，マンションの近隣地区の住環境についての要望や不満が多く記載されており，その内容はマンションによる違いが大きい。不満・要望以外の当該マンションを評価する記入事例はわずかである。その一例は次のとおりである。「都心地区でありながら，昔の街の利便性があり，郊外のニュータウンより住みやすい。高齢になると，（坂が多い）ニュータウンはすみ辛い」「郊外に家があるので，マンション生活を楽しんでいる。ただ，庭のないマンションを終の棲家にするのは決心がいる」。

　上記のほかにマンション自体に関する要望・不満として，「携帯電話が通じにくい」「ビル風が強い」「ペットを飼いたい」「マンション内の交流がないこと」などがあげられている。

第4節　定住意識と転居予定世帯の分析

1) 定住意識と世帯の属性

（1）定住意識についての分析

　全回答世帯の定住意識についての集計結果は表4-13のとおりであり，「転居するつもりはない（49.1%）」が最多である。これに次いで多いのは「わからない（25.1%）」である。「将来は転居するつもり」は22.1%，「現在，転居を考えている」は3.7%である。表4-13についてのカイ二乗検定の結果は有意水準0.05で有意ではない。したがって，マンションによる定住意識に差があるとはいえない。

　「将来は転居するつもり」の世帯と「現在，転居を考えている」世帯をあわせて転居志向世帯とすると，全回答世帯に占めるこの世帯の割合は25.8%である。この転居志向世帯の割合と既述の仙台市都心部のマンション居住世帯の転居予定

第4節　居住意識と転居予定世帯の分析　83

表4-13　定住意識について（%）

マンションコード	転居するつもりはない	将来は転居するつもり	現在転居を考えている	わからない	計	
					%	N
A	53.8	23.8	1.5	20.8	100.0	130
B	45.5	20.8	5.0	28.7	100.0	101
C・D	42.5	20.0	7.5	30.0	100.0	40
計	49.1	22.1	3.7	25.1	100.0	271

出典：アンケート調査により作成．

の割合（40%）の差は統計的に有意であるので，後者の割合は大阪市のそれより高いといえる。この差の1つの要因として，後者の調査マンションのなかには築年数が10年近いものもあるのに対して，前者のそれはすべて2年以内の築年数であることを指摘できる。転居を志向する世帯数は，居住するマンションの築年数の経過とともに増えると考えてよいからである。

定住意識について「わからない（25.1%）」と回答した世帯のなかには，数年後には「転居することを考慮する」世帯もあると考えてよい。「わからない」と回答した世帯の2割がこれに該当するとひかえめに仮定し，この世帯も加算すると，数年後の転居志向世帯の割合は全回答世帯数の30%程度になる。

マンションを自己所有する核家族世帯に該当する55世帯のみを抽出して，定住意識について集計した結果は次のとおりである。「転居するつもりはない」：26世帯，「将来は転居するつもり」：12世帯，「現在，転居を考えている」：2世帯，「わからない」：15世帯。核家族世帯のこれらの構成比率のなかで前3者の比率と，単独世帯（82世帯）あるいは中年シングル女性世帯（28世帯）のそれとの間に有意な差があるかどうか検定した。この検定結果は，いずれの場合も有意な差は認められなかった。したがって，核家族世帯の定住意識は，単独世帯あるいはシングル女性のそれとの有意な差はないと結論できる。

(2) 30歳代の転居志向率が高い理由

前述の転居志向世帯の割合を世帯主の年代別にみると，30歳代以上のほとんどの年代で10%台であるが，30歳代のみ35.7%を示す（資料の掲載は省略）。この年代別の割合について有意な差の有無を検定したところ，30歳代の割合と40歳代，60歳代および70歳代以上のそれとは有意な差があることが認められた。したがって，30歳代の転居志向が相対的に強いといえる。単独世帯とそれ以外

84 第4章 大都市都心地区における新規マンション居住者の居住満足度と定住意識

の家族類型との間の転居志向世帯の割合についての差は小さく，有意な差ではない。

　上述のように30歳代の転居志向世帯率が他の年代より高いのはなぜかを，後掲する表4-15と表4-16を資料として考えてみよう。

　転居予定世帯の転居の理由などを記載した表4-16のなかの世帯のなかで，世帯主が30歳代の世帯数は9である。この9世帯の世帯類型別内訳は，単独女性世帯：4，夫婦2人世帯：3，夫婦と子ども世帯：1，その他：1である（表4-15参照）。表4-16に記載のこれら30歳代の転居を志向する理由・事情の事例は，c-3のように単独女性世帯の場合は「結婚した場合は狭いから」，夫婦2人世帯では「こどもが生まれたら，一戸建てに住みたいから」または「子どもが生まれたら，より広い住居へそして自然環境がよい所へ」，夫婦と子ども世帯では「子どもが増えると手狭だから」「子どもの養育環境のよい土地」といった，将来の家族構成の変化に基づく理由が多い。

　上記のように想定できる近い将来の家族構成の変化は，他の40歳代以上の年代よりも（単独女性世代，夫婦2人世帯，核家族世帯ともに）現実的であり，さらにこれらの諸変化は現住地からの転居を考えるほどに大きな変化であることが，30歳代の転居志向の高さに大きく影響しているといえる。

　このように，大阪市都心地区における新規分譲マンション居住者のなかの30歳代の転居志向率が他の年代よりも高いことは，他の大都市都心地区の同様の新規分譲マンションにおいても認められるであろう。その理由は，前述の家族構成の変化を契機として転居を志向する理由・事情は，大阪市以外の大都市都心地区マンション居住者においても共通していると考えてよいからである。さらにいえば，30歳代の世帯において近い将来に生じると想定される前述の家族構成の変化は，他の年代の場合のそれよりも生じる確率が高いといえる。それゆえ，この諸変化をおもな要因とするこの年代層の居住地を移動する世帯数の同年世帯数に対する割合は，大都市都心地区のみならず全国的にも他の年代世帯の同割合よりも高いと思われる。

2）転居を考慮中の世帯

　「現在，転居を考えている」と回答した世帯数は10であり，この10世帯のなかで現在のマンションを自己所有している8世帯について，転居を考慮中の理由

表 4-14　転居を考慮中の世帯一覧

マンションコード	世帯コード	世帯主の年代	家族類型	専有床面積 (m²)	前の居住地	マンションの住み心地	近隣地区の環境評価
A	24	50歳代	単独 F	80〜99	大阪市北区	○	○
A	58	60歳代	単独	80〜99	大阪府八尾市	○○	○
B	55	30歳代	単独 F	40〜59	奈良県生駒市	×	○
B	56	50歳代	夫婦2人	60〜79	大阪府堺市	○	○
B	57	60歳代	夫婦2人	60〜79	大阪市平野区	○○	○
B	63	30歳代	核家族	80〜99	大阪府池田市	○	×
B	66	50歳代	単独	40〜59	大阪府河内長野市	○	○
C	7	30歳代	核家族	60〜79	大阪府堺市	○	××

出典：アンケート調査により作成.
(注1)　「マンションの住み心地」と「近隣地区の環境評価」の欄の記号の意味は次のとおりである. ○○は「満足している」, ○は「まあまあ満足」, × は「やや不満」, ×× は「かなり不満」.
(注2)　家族類型欄の F は世帯主が女性を示す.

について検討する.

　この 8 世帯の家族類型別世帯数は, 単独世帯：4, 夫婦 2 人世帯：2, 核家族世帯：2 であり, 単独世帯が多い. マンション別ではマンション B が最多の 5 世帯である（表 4-14）.

　8 世帯のなかで,「転居の理由・転居先の希望」欄に記載があった世帯数は 3 である. その内容は「もっと気にいった物件が見つかったから（マンション A の 50 歳代の単独女性世帯）」,「夜間の高速道路の暴走車の騒音がひどい. 中ノ島公園のホームレスの多さ（マンション A の 60 歳代の単独男性世帯）」,「大阪市内でも緑地のある所へ引っ越したい（マンション C の 30 歳代の核家族世帯）」である. このことから, 後者の 2 世帯は近隣地区の騒音や緑地などの環境面での不満が大きな転居理由と考えてよい. この 2 世帯以外の世帯が転居を考慮している理由を推論するために, この 2 世帯を除く 6 世帯があげた「マンションと近隣地区の生活環境の主要な問題点」を集計した. その結果は次のとおりである.「騒音や大気汚染」をあげた世帯が 3,「公園・緑地などのオープンスペース」が 1 世帯,「日常的な買い物の便」が 1 世帯であり,「部屋の広さや間取り」などのマンションに関することをあげた世帯は皆無である. したがってこれら 5 世帯では, 近隣地区の住環境に対する不満が転居を考慮している大きな理由の 1 つと考えられる.

3）転居予定世帯の分析

（1）転居予定世帯の属性と転居理由

「将来は転居するつもり」と回答した世帯（転居予定世帯という）の数は60である。このなかで，定住志向が一般に希薄であると考えてよい世帯を除外して分析するために，居住形態が持家ではなく賃貸と回答した7世帯と「その他（借り上げ社宅）」の2世帯および居住形態の回答が未記入の1世帯を除く50世帯を抽出した（表4-15）。この50世帯の家族類型別世帯数は，単独世帯：19，夫婦2人世帯：20，核家族世帯：13，その他：6である。マンション別の世帯数は，マンションA：24，マンションB：19，マンションC・D：7である。

上記の50世帯のなかで，転居理由や転居先の希望についての自由記入欄に記載があったのは35世帯である。これらの記載内容の一部は表4-16のとおりであり，「息子夫婦との同居」「スーパーマーケットが近くにあり，もう少し環境のよい所」「退職後は外国へ移住するつもり」「部屋の広さが十分でない。環境があまりよくない」「家族が増えると手狭なため」「緑の少なさ，子どもの遊び場のなさ」「結婚した場合は狭いから」など多様な転居理由がみられる。表4-16には記載しなかった世帯の転居理由や転居先の希望として，「（マンションの）ランニングコストが高い」「ケア付マンションを探す」「老人ホームへ行くつもり」「通勤に便利だという以外によい点がないから。神戸市のJR沿線に移れたらと思う」「部屋の日当たりのよいところへ移りたい」「仕事をやめたら郊外に住む予定」などがあげられている。

以上の転居の理由や転居先の希望のなかで，転居予定の理由に関する内容を整理して分類すると，①「入居しているマンションの事情」，②「世帯の事情」，③「近隣地区の（生活環境などの）事情」，④「その他の事情」の4つに分けることができる。例えば，表4-16の「息子夫婦との同居」は上記の②に，「スーパーマーケットが近くにあり，もう少し環境のよい所」は③に，「より広い住居へ転居したい」は①に区分できる。ただし，回答の内容のなかには，これら4つの事情のなかでひとつではなく複数の事情に区分せざるをえない場合もある。例えば，「部屋の広さが十分でない。環境があまりよくない」は①と③の2つに該当する。このような方法で集計した結果は表4-17のとおりである。なお，この集計には既述の「現

表4-15　転居予定世帯の一覧

マンションコード	世帯コード	世帯主の年代	家族類型	専有床面積（m²）	前の居住地	マンションの住み心地	近隣地区の環境評価
A	1	30歳代	核家族	60～79	大阪府岸和田市	○	○
A	5	60歳代	夫婦2人	60～79	大阪市北区	○	○
A	16	50歳代	単独F	60～79	大阪市城東区	○	○
A	21	40歳代	夫婦2人	60～79	大阪市北区	○○	○
A	30	40歳代	－	80～99	大阪府河内長野市	○	○
A	36	30歳代	単独F	40～59	兵庫県宝塚市	○○	○
A	40	50歳代	その他	80～99	大阪府寝屋川市	○	○○
A	41	30歳代	夫婦2人	60～79	大阪市北区	○	○
A	46	70歳代以上	単独	80～99	兵庫県芦屋市	○○	○○
A	49	50歳代	核家族	60～79	大阪府河内長野市	○	○
A	62	30歳代	単独F	60～79	京都府長岡京市	○	×
A	69	60歳代	その他	40～59	兵庫県宝塚市	×	○
A	71	40歳代	単独	40～59	大阪市東住吉区	○	○
A	89	30歳代	核家族	60～79	大阪市天王寺区	××	×
A	91	30歳代	単独	39以下	奈良県生駒郡平群町	○○	××
A	92	40歳代	核家族	80～99	大阪市堺市	○	○
A	94	40歳代	夫婦2人	60～79	大阪府大阪市住吉区	×	○
A	97	30歳代	核家族	60～79	兵庫県神戸市	×	○
A	107	30歳代	夫婦2人	60～79	大阪市天王寺区	○	○
A	109	30歳代	その他	60～79	大阪市都島区	○	○
A	110	60歳代	夫婦2人	40～59	－	○	○
A	117	40歳代	核家族	80～99	大阪市北区	○○	○○
A	124	30歳代	夫婦2人	80～99	大阪市北区	○	×
A	128	30歳代	単独	60～79	大阪市北区	○○	○
B	6	50歳代	夫婦2人	60～79	大阪府河内長野市	○	○
B	15	50歳代	単独	60～79	奈良県大和郡山市	○	○
B	18	40歳代	単独	60～79	茨城県	○	○
B	22	40歳代	単独F	60～79	大阪市天王寺区	○	○
B	26	30歳代	核家族	80～99	大阪市中央区	○	○
B	28	60歳代	－	80～99		○○	○○
B	30	30歳代	夫婦2人F	60～79	大阪市平野区	○	○
B	32	70歳代以上	夫婦2人	60～79	奈良県王寺町	○○	○
B	40	50歳代	核家族	60～79	大阪府河内長野市	○	○
B	41	30歳代	核家族	60～79	大阪市北区	○	○○
B	45	70歳代以上	夫婦2人	100以上	大阪府堺市	○○	○○
B	48	50歳代	単独	60～79	大阪府東大阪市	○	○○
B	53	50歳代	核家族	60～79	大阪市浪速区	×	×
B	58	60歳代	夫婦2人	80～99	大阪市住之江区	○	○
B	74	50歳代	その他	60～79	大阪市旭区	○	○
B	84	30歳代	夫婦2人	40～59	大阪市浪速区	○	○
B	94	50歳代	夫婦2人	80～99	大阪府	×	×
B	96	30歳代	単独F	40～59	大阪府高石市	○○	○○
B	101	50歳代	核家族	60～79	大阪府和泉市	○	○
C	1	30歳代	核家族	60～79	大阪市生野区	○	○
C	3	30歳代	単独F	40～59	大阪府泉南郡熊取町	○	○
C	4	30歳代	単独	60～79	大阪市西区	○○	○
C	5	40歳代	単独	60～79	大阪市住吉区	○	○
C	11	30歳代	単独F	60～79	大阪市浪速区	○	×
D	2	30歳代	夫婦2人	80～99	大阪府寝屋川市	○	○
D	23	30歳代	その他F	60～79	大阪府堺市	○	×

出典：アンケート調査により作成.
(注1)「マンションの住み心地」と「近隣地区の環境」の二つの欄の記号の意味は表4-14と同じである.
(注2)「－」は回答欄に記入なし.
(注3)家族類型欄のFは世帯主が女性を示す.

88　第4章　大都市都心地区における新規マンション居住者の居住満足度と定住意識

表 4-16　転居予定世帯の転居の理由と近隣地区への希望の事例

マンションコード	世帯コード	転居の理由・事情，転居先の希望	近隣の住環境・生活利便性に関連する希望・意見
A	5	息子夫婦との同居を考えている．関東に行くつもり．	大型スーパーが徒歩でいける所にほしい．
A	30	売却はしないが，芦屋や西宮の一戸建てに転宅したい．	コンビニがマンションの1Fに入っていたがなくなった．都会は，ごく近くにコンビニが必要．
A	62	具体的にはないがもう少し環境のよい場所へ．スーパーなども近い場所を探したい．	大気汚染や騒音が予想以上にひどい．行政で何とか努力すべき．スーパーなども近くにあれば便利．
A	94	家族が増えると手狭．子どもの養育環境によい土地．	
A	107	子どもが生まれたら（家の中でも）思いっきり遊べる一戸建てに住みたいから．	大きなスーパーがあればもう少し住みやすいと思う．夜間の高速道路の爆音がうるさい．
A	109	緑の少なさ，子どもの遊び場のなさ等周辺の環境が少し問題．とくに阪神高速の騒音が問題，子どもが小学生になるまでに転居を考える．	22階に居住しているが，高速道路の音がうるさい．防音シートなどの対応を今後はすべきでは．
A	117	退職後はタイに移住するつもりのため．	都心で，ある程度はしょうがないと思うが阪神高速を周回するサーキット族の爆音は受忍程度を超えており，対策を講じて欲しい．
B	84	部屋の広さが十分でない．環境(自然)があまりよくないため．	将来子どもが生まれた時の周りの環境がよくないので，都会でありながら自然に触れられる場所があればよい．
B	96	今は十分満足しているが，将来はもう少し広い部屋に転居したい．	スーパーや日用品を買える店が少なく，日常的な買い物には不便．
C	1	将来は近隣で一戸建てを希望．上階の住民の騒音．	
C	3	結婚した場合は狭いから．もう少し郊外で交通の便がよいところへ．	大阪市にもっと緑を増やして，車の排気の規制をして欲しい．
C	11	将来は静かな環境で暮らしてみたい．	
D	2	一戸建てを購入しようと思っているため．	大阪市内ということもあり駅やお店は近いがやはり騒音や大気汚染が気になる．

出典：アンケート調査により作成．
（注）空欄は記載事項なし．

在，転居を考えている」世帯のなかで，転居の理由が記載されている3世帯を含めた．

(2) 転居理由の分析

　表 4-17 によれば，前述の4区分の理由のなかで，最多の理由は③「近隣地区

表 4-17　転居予定世帯の転居理由の類型別世帯数

転居の理由	マンションコード		計
	A	B, C, D	
マンションの事情	7 (1)	6	13 (1)
世帯の事情	10 (1)	1 (1)	11 (2)
近隣地区の事情	10	8 (3)	18 (3)
その他	3 (1)	1 (1)	4 (2)
計	30 (3)	16 (5)	46 (8)

出典：アンケート調査により作成.
（注）カッコ内は単独世帯の数で内数.

の事情」であることがわかる。これに次いで多い理由は①「マンションの事情」であるが、②「世帯の事情」との世帯数の差はわずかである。表 4-17 では単独世帯のみの集計結果も示してあるが、これについての特徴的なことは認められない。したがって、単独世帯を含む転居予定世帯の転居理由として最も多い理由は、「近隣地区の生活環境」への不満であるといえる[9]。

　転居予定世帯の「近隣地区の住環境」についての満足度別の構成比を表 4-15 から算出したところ、「やや不満（22.0％）」と「かなり不満（2.0％）」をあわせた不満世帯の割合は 24％であり、「まあまあ満足」が最多の割合（56.4％）である。しかし、この最多の「まあまあ満足」という世帯のなかに、騒音や大気汚染などの近隣地区の環境問題を重要な転居の理由としてあげている世帯がみられる。こうしたことも勘案すると、転居理由についての自由記入欄に記載がない世帯のなかにも、近隣地区の住環境に関する不満がその転居予定の理由である世帯がかなり多いと推察される。

第 5 節　本章の要約

　大阪市の都心地区において最近（2002 ～ 03 年）立地した 4 つの分譲マンション居住者に対するアンケート調査の結果、明らかになったことは以下のように要約できる。
（1）居住者の属性として、重要なことは次のとおりである。①マンション入居前の住居は持ち家一戸建てが 32％と最多である。②前居住地は大阪市とそれ以外がほぼ同数である。③前の住居が持ち家の場合、その家を「売却済み」と「自

宅として家族の誰かが住んでいる」とほぼ同数である。

（2）マンション購入の主要理由は，都心地区のもつ固有の地区特性である「雇用の集積（職住近接）」と「公共交通の整備」に関係することであり，「中心機能の集積」もこれに次ぐ理由であることが明らかとなった。しかし，「部屋からの眺望がよい」「マンションのグレードが高い」などの新規の高級超高層マンションというマンションそれ自体の属性を理由とする世帯数も相当数存在する。これらマンション購入の主要理由についての核家族世帯と中年シングル女性世帯との間の有意な違いはないことが明らかになった。

（3）マンションと近隣地区の生活環境についての不満・問題として，4つのマンションに共通して多くの世帯があげたことは「騒音や大気汚染」である。とくに高速道路が近いマンションでは「（自動車）騒音」が最大の問題であることがわかった。

　これに次ぐのは「日常的な買い物の便」または「近隣地区の防犯・治安面」であるが，これはマンションの立地場所によって違いがある。これらについての，マンション別にみた核家族世帯とシングル女性世帯との間の違いとして，一部のマンションでは中年シングル女性世帯が「近隣地区の防犯・治安面」を問題とする比率が高いことが認められた[10]。

（4）居住の満足度については，①居住するマンションに関する満足度（マンションの住み心地）と②居住する近隣地区の環境や生活の利便性についての満足度の2つに分けて調査した。全回答世帯数についてみると，「満足している」と「まあまあ満足している」をあわせた世帯数の割合は，①は93%，②は85%であった。このように①の満足度は②の満足度よりもやや高いこと，換言すれば，近隣地区の住環境に対する不満はマンション自体のそれよりも多いことが明らかとなった。このことは，調査したマンションが新築後数年以内ということや高級マンションも含まれていることの影響が大きい。

（5）定住意識についての全回答世帯の結果は，「転居するつもりはない」が約半数を占める。「将来は転居するつもり」の割合は約2割であり，「現在，転居を考えている」世帯の割合をあわせると25.8%となる。世帯主の年代別のこの割合は30代で最も高い（35.7%）。これらの割合についての，マンションによる有意な差は認められない。また，核家族世帯と単独世帯あるいはシングル女性との間に

第 5 節　本章の要約　91

も有意な差はない.

(6)「将来転居するつもり」と回答した世帯の転居予定の理由は,「入居してい
るマンションの事情」「世帯の事情」「近隣地区の（生活環境の）事情」および
「その他の事情」の 4 つに分けられるが, 最多の理由は「近隣地区の事情」であり,
なかでも「道路の騒音や大気汚染」「スーパーマーケットが近くにない」などが
主要な理由であることがわかった.

(7) 上述の (2) ～ (6) の要約は次のとおりである.

　大都市都心地区は雇用の集積, 公共交通の整備および中心機能の集積という面
で居住地としての魅力・利点があり, これらをおもな理由として現在の都心地区
マンションを選択・購入した居住者が多いことが, 本章の調査結果からわかった.
購入したマンション自体に対する不満をもつ世帯は少ないが, 近隣地区の「騒音
や大気汚染」や「日常的な買い物の便」などに不満をもつ世帯はかなり多いこと
が明らかである. こうした近隣地区の生活環境を理由として将来転居を考える世
帯が相当数認められた. したがって, 都心地区居住者の定住を図るには, 近隣地
区の「騒音・大気汚染」や「日常的な買い物の便」などにかかわる環境整備が最
も重要であるといえる.

（注）

(1) 東京都心 3 区において 1999 年 1 月～2001 年 12 月末の期間に販売された分譲マンショ
ンの一部の居住世帯を対象としたアンケート調査の結果. 有効回答数は 2,310 世帯.

(2) 夫婦 2 人世帯 (N=88) と単独世帯 (N=82) の世帯主の年代別世帯数は次のとお
りである. 夫婦 2 人世帯は 30 歳代以下：18, 40 歳代：16, 50 歳代：20, 60 歳代：
21, 70 歳代以上：13. 単独世帯は 30 歳代以下：31, 40 歳代：16, 50 歳代：19, 60
歳代：9, 70 歳代以上：7.

(3) マンションを自己所有する核家族世帯 (N=55) のなかで, 前の住居形態が「持ち
家一戸建て」であると回答した世帯数は 17 (27.3%) である. この 17 世帯の前住地
をみると, 大阪市が 2 世帯であり, 残りの 15 世帯の前住地は, 大阪市を除く大阪府
が 12 世帯, 奈良県が 3 世帯である. したがって, これらの 15 世帯は京阪神圏の郊外
地域の持ち家一戸建てから大阪市都心地区の分譲マンションへ居住地移動した核家族
世帯とみなされる. なお, この 17 世帯が居住していた「持ち家一戸建て」の状況別
世帯数は次のとおりである.「売却済み」：7,「売却中」：0,「貸している」：1,「自宅

（別宅）として家族の誰かが住んでいる」: 8, 「その他」: 1.

(4) 中年シングル女性世帯は，30 歳代から 50 歳代の年代の女性が世帯主の単独世帯をさす.

(5) 東京都の都心部のマンションへ住み替えた居住者が，住み替えで悪くなったこととしてあげられた上位の事項のなかにも「食料品店などの日用品店が少なくなった」「騒音や大気汚染などが多くなったこと」がある（国土交通省編，2003b）.

(6)「近くの公園にホームレスが住んでいる」「公園・緑地の（ホームレスの）青テント」などの記載.

(7) 30 歳代のシングル女性が「ひったくりや路上あらしが多く，治安が悪く不安」と記載した事例などである.

(8) 具体的なこととしては，「ファッションホテルが多いし，防犯・治安面でも悪い」「近隣にデートクラブがあるようで，不審な車をみかけたり，いかがわしいカップルが多い」ことが記載されている.

(9) 仙台市都心部の分譲マンション居住者の場合，転出希望の理由として多くあげられたのは「世帯構成の変化（56%）」と「居住環境の悪さ（43%）」である（榊原・松岡・宮澤，2003）.

(10) 東京圏における 30 歳代シングル世帯の居住地選択にみられるジェンダー差について，次のことが指摘されている. 現住地の選択理由として「住宅の価格や家賃」「住宅の広さや間取り」「駅までの近さ」を男女ともに半数程度の人たちがあげているが，「職場までの近さ」については, 男性ほど女性は重視していない. そのかわり, 女性は「親元・友人・知人への近さ」や「治安のよさ」を重視する傾向がみられた（若林・由井・矢野・武田，2004）. このように女性は男性よりも居住地近隣地区の「治安」についての意識が高いといえる. なお中澤（2003）によれば，東京都心 3 区で働くシングル女性は, 交通の利便性などの立地条件を最優先して持ち家の取得場所を決定している.

第5章 大都市圏の郊外都市における新規マンション居住者の居住満足度と定住意識 －大阪府北部地域の事例－

はじめに

　既述のように、東京などの大都市都心地区におけるマンション立地の急増が同地区の人口増加（人口の再集中化）に大きな寄与をしている。東京大都市圏や京阪神大都市圏における1980年代以降のマンション立地の時間的変化を分析した香川（2003a, 2004a, 2004b）は，地価の変動と関連して1990年代後半からマンション建設の中心的な地域がこれら大都市圏の周辺地域から中心都市に移ってきていることを明らかにしている。しかし，これら大都市圏の周辺地域におけるマンション立地も下記のように多い。

　首都圏における分譲マンション供給戸数を都心からの距離帯別にみると，0～10km圏の占める割合は1996年以降2004年まで増加傾向にある。しかし，10～20km圏の占める割合も1996～2003年まではこれと同程度以上であり，20～30km圏の割合をこれに加えると一貫して10km圏のそれを上回る（国土交通省編, 2005）。京阪神大都市圏についてみると，大阪市都心3区（北区，中央区，西区）の1995～2002年の新築分譲マンションの件数[1]は299であったが，本章で取り上げた大阪府北部地域の4市（吹田市，高槻市，茨木市，箕面市）においてはこれを大きく上回る419であった。このように1990年代後半以降の大都市圏における新規マンションの立地は，中心都市とともに周辺地域においても多い。

　第4章で述べたように，大阪市都心地区における新規分譲マンションの居住世帯を対象とした調査によると，入居して3年以内にもかかわらず入居世帯の転居志向率はかなり高い（約26％）。この転居志向率の高さは，後述するように当該マンションの近隣地区の生活環境に対する不満と関係している。都心地区マンションにおけるこのような転居志向率の高さは，近隣地区の生活環境が比較的良好であると考えられる郊外地域におけるマンション入居世帯についてもみられる

94　第5章　大都市圏の郊外都市における新規マンション居住者の居住満足度と定住意識

のであろうか[2]。

　本章の目的は，京阪神大都市圏の郊外地域において最近分譲されたマンションの居住世帯を対象とするアンケート調査によって上記のことを明らかにし，さらにマンションの居住満足度などについての大阪市都心地区マンションとの差異を検討することによって，京阪神大都市圏など日本の大都市圏内部における今後の居住地選択について考えることである。

第1節　調査の方法と回答世帯の概要

1）調査対象地域の概要と調査対象地域のマンション

　前述のように，京阪神圏の郊外地域において最近分譲されたマンションの居住世帯をアンケート調査の対象とするが，そのマンションを選択するに際してまず地域的な選定をした。この選定に際して考慮したことは，大阪市都心地区マンションとの比較を目的とすることから，大阪市都心への交通アクセスが良好であること，そして住宅地としての評価が比較高いことの2つである。この結果，大阪府北部地域のなかの吹田市，高槻市，茨木市，箕面市の4市[3]を選定した。本章ではこれら4市を北摂4市と略す。この4市は北摂（旧摂津の国の北部）と呼ばれる地域に含まれるからである。また，本章ではこの4市を便宜上，北摂地域ということもある。

　北摂地域は阪急電鉄の京都線と千里線，JR東海道線（京都線）などが通り，大阪市，神戸市，京都市の都心地区への交通のアクセスが良好であることや丘陵地もあることから住宅地としての評価が高い地域である。同地域は，上記の交通条件から大阪市への通勤者が多く，全体としては一戸建て住宅の比率が高い郊外住宅地である。この点について，表5-1でみると，大阪市と比べると吹田市を除く他の3市では一戸建て住宅の割合が高く，マンションの割合が低いことがわかる。とくに高槻市では一戸建て住宅の割合が54%を占め，マンションのそれは35%にすぎない。吹田市のマンション比率が高いのは，同市は大阪市と隣接しているので，大阪市都心地区への通勤時間が比較的短いために大阪市への通勤者向けのマンション立地が多いからと考えられる。また，北摂地域は企業などの社宅や寮が多く，それゆえ給与住宅の占める割合も相対的に高い（表5-1）。これら

第 1 節　調査の方法と回答世帯の概要　95

表 5-1　大阪府北部 4 市の住宅形態の割合（%）

	一戸建て住宅	マンション*	給与住宅
吹田市	24.4	66.3	6.3
高槻市	53.8	35.1	3.8
茨木市	36.1	50.1	4.3
箕面市	39.6	46.2	2.3
大阪市	22.8	64.8	1.8

出典：大阪府の統計資料「住宅・土地統計調査（平成
　　　15 年確報など）により作成.
（注 1）＊のマンションとは，3 階建て以上の共同住宅
　　　　を指す.
（注 2）住宅形態のうち，長屋建て，3 階未満の共同住宅，
　　　　その他は表中に示していない.

の給与住宅の相当数が 1990 年代の経済的不況の影響で閉鎖され，その跡地にマ
ンションが建設されたと想定される。

　北摂 4 市における 1995 ～ 2004 年の民間分譲マンション 520 件の主要な間取り
は 3LDK または 4LDK のマンションがほとんどである[4]。この 520 件のマンショ
ンの平均分譲価格，階数および戸数についての都市別の集計結果（表 5-2）の要
点は次のとおりである。① 1 戸当たりの平均価格は 3,000 ～ 4,500 万円のマンショ
ンが多い。②マンションの階数はほとんどが 15 階以下であり，多くは 6 階から
10 階である。③戸数が 250 戸以上の大規模なマンションは少なく，50 戸以下の
比較的戸数の少ない小規模マンションが多い。

2）調査対象マンションの概要と調査の方法

（1）調査対象マンションの概要

　アンケート調査の対象とするマンションは北摂 4 市において，2000 年以降に
分譲開始された民間マンションのなかから 4 つを選択した。これら 4 つのマンショ
ンを選択する際，その平均分譲価格が第 4 章で述べた大阪市都心地区のマンショ
ンのそれに近いマンションであること，および最寄り駅から比較的近いことを重
視した。マンションの概要は表 5-3 のとおりである。本章ではこれら 4 つのマン
ションをマンション 1，2，3，4 と表記する。

　調査対象としたマンション 1 は，JR 京都線茨木駅から徒歩 11 分に位置する 13
階建てのマンションで，平均分譲価格は 3,318 万円である。このマンションが立

96　第5章　大都市圏の郊外都市における新規マンション居住者の居住満足度と定住意識

表 5-2　大阪府北部 4 市における新規分譲マンションの平均価格別，階数別および戸数別の分譲件数

		吹田市	高槻市	茨木市	箕面市	計	
						N	％
1 戸当たりの 平均価格 （万円）	2,130 〜 3,000	22	6	8	4	40	7.7
	3,001 〜 3,500	51	19	16	11	97	18.7
	3,501 〜 4,000	98	34	30	8	170	32.7
	4,001 〜 4,500	68	19	29	7	123	13.7
	4,501 〜 5,000	31	5	12	8	56	10.8
	5,001 〜 6,000	17	0	3	6	26	5.0
	6,001 〜 7,500	5	0	0	3	8	1.5
階　　数	3 〜 5	33	21	12	13	79	15.2
	6 〜 10	162	36	54	17	269	51.7
	11 〜 15	93	25	32	12	162	31.2
	16 〜 30	4	1	0	5	10	1.9
戸　　数	≦ 56	162	38	43	26	269	51.7
	51 〜 100	91	28	25	12	156	30.0
	101 〜 250	27	16	22	9	74	14.2
	>250	12	1	8	0	21	4.0
計（％）		292（56.2）	83（16.0）	98（18.8）	47（9.0）	520	100.0

出典：不動産経済研究所の資料により作成.
（注）1995 〜 2004 年に分譲されたマンション.

地する上穂積地区は，茨木市内でも 2000 年以降のマンション開発が顕著であり，調査したマンション 1 に近接して同規模のマンションが立地している。

　マンション 2 は JR 京都線茨木駅から徒歩 3 分の場所に立地し，14 階建ての 1 階部分がスーパーマーケットとして店舗利用されているマンションである。平均分譲価格は 4,180 万円である。JR 茨木駅から大阪駅までの所要時間は最速で 13 分である。茨木駅近くには 2001 年に開業した大型複合商業施設のマイカル茨木がある。したがって，本マンションは郊外都市の中心市街地に立地しているといえる。

　マンション 3 は阪急京都線高槻市駅から徒歩 1 分に位置する 14 階建てのマンションである。平均分譲価格は 4,125 万円で，販売初月契約は即日完売であった。このマンションは阪急京都線や国道 171 号線などの幹線道路に囲まれた場所に立地し，1km 圏内に大阪医科大学付属病院や 2 つの百貨店（西武と松坂屋）がある。これらのことから，本マンションも郊外都市の中心市街地に立地しているといえる。阪急高槻市駅から阪急梅田駅までの所要時間は 22 分である。

　マンション 4 は千里ニュータウンに近い阪急千里線山田駅から徒歩 1 分に位置する 20 階建ての高層マンションである。平均分譲価格は 4,269 万円で販売初月

第1節　調査の方法と回答世帯の概要　97

表5-3　調査対象マンションの概要

マンションコード	1	2	3	4
1　所在地	茨木市上穂積	茨木市春日	高槻市城北町	吹田市山田西
2　路線名・駅名	JR 京都線茨木 徒歩11分	JR 京都線茨木 徒歩3分	阪急京都線高槻市 徒歩1分	阪急千里線山田 徒歩1分
3　戸数	158	90	123	159
4　階数	13	14	14	20
5　平均価格（万円）	3,318	4,180	4,125	4,269
6　平均面積（m²）	78	77	85	90
7　最低分譲価格(万円)	2,390	3,080	3,322	3,370
8　最高分譲価格(万円)	4,590	6,560	6,780	5,320
9　最小専有面積（m²）	70.7	60.0	72.8	82.1
10　最大専有面積（m²）	91.7	105.0	130.7	99.0
11　主要間取り	3LDK	3LDK	4LDK	3LDK
12　竣工日	2004.3	2004.11	2003.3	2005.3
13　初月契約率（%）	86	75	即日完売	即日完売
14　駐車台数	158	90	99	152

出典：不動産経済研究所の資料により作成.

契約は即日完売であった。阪急山田駅から阪急梅田駅までの所要時間は30分程度である。このマンション4が位置する阪急山田駅周辺は，近年再開発が進んでおり新しい分譲マンションは多くある。しかし，大型商業施設はみられない(2005年当時)。

　上記の4つのマンションの竣工時期は2003年3月〜2005年3月である。間取りは3LDK もしくは4LDK が中心であり，おもにファミリー世帯を対象に分譲されたものである。また，4つのマンションから大阪市の都心地区である大阪駅までの鉄道による所要時間は30分〜40分以内であり，京阪神大都市圏の中心都市への近接性が高い。マンション2と3は，郊外都市である茨木市と高槻市の中心市街地に立地している点が，他の2つのマンションとの違いである。

　なお，これら4つのマンションと比較する大阪市都心地区の4つのマンションとの差異として，マンションの階数と最高分譲価格がある。後者のマンションでは4つのマンションのうち，3つが20階以上（20階，29階，39階）のタワーマンションであり，1つのマンションでは最高分譲価格が14,500万円である。

(2) 調査の方法

　北摂地域のマンション居住世帯に対するアンケート調査は，2005年10月に行った。あらかじめ，マンション管理人の許可を得て，調査依頼状・アンケート調査

98　第5章　大都市圏の郊外都市における新規マンション居住者の居住満足度と定住意識

表5-4　アンケート調査表の配布数と回収率

マンションコード	配布数	回答数	回答率
1	158	63	39.9%
2	90	32	35.6%
3	122	52	42.6%
4	151	71	47.0%
合計	521	218	41.8%

用紙・返信用封筒を各世帯の郵便受けに配布し，郵送でアンケート調査用紙を返送していただいた。

　アンケート調査の質問内容と設問形式は，第4章で行ったアンケート調査のそれと基本的に同じである。すなわち，アンケート調査の内容は，世帯の属性と前の居住地など，マンションの購入理由，居住満足度，近隣地区の環境の評価，定住意識などである。調査票の設問形式は該当する事項を選択する形式を基本とするが，一部の設問は自由記入形式である。

3) 回答世帯の概要

　アンケート調査の配布数と回答率は，表5-4のとおりであり，全体の回答率は41.8%である。回答世帯の属性などの集計結果は次のとおりである（表5-5）。

① 世帯主の年代：最多（25.7%）が30歳代であり，40歳代（24.8%），50歳代（22.9%）と続く。これら3つを合わせると73.4%となり，30歳代から50歳代の世帯主が多い。

② 世帯主の性別：男性が84.4%と大多数である。女性が世帯主である31世帯のなかで，単独世帯の数は14である。

③ 家族構成：夫婦2人と子どもという核家族世帯が最多で45.0%であり，これに次いで多いのは夫婦2人（28.4%）である。単独世帯は12.8%である。

④ 居住年数：「1年未満」の世帯数と「1年以上3年未満」のそれとほぼ同数である。

⑤ 所有形態：自己所有が96.8%を占めるが，わずかながら賃貸の世帯もみられる。「その他」のなかには，借り上げ社宅などが含まれる。

⑥ 専有面積：「80〜99m²」が60.8%を占めている。「60 m² 未満」の回答世帯数がゼロであるのは，調査対象マンションの主要間取りが3LDKか4LDK

第 1 節　調査の方法と回答世帯の概要　99

表 5-5　回答世帯の属性別集計

属　性		世　帯　数		属　性		世　帯　数	
		大阪府北部	大阪市都心地区			大阪府北部	大阪市都心地区
世帯主の年代	20歳代以下	10	5	マンションの所有形態	自己所有	210	258
	30歳代	56	70		賃貸	5	9
	40歳代	54	57		その他	2	3
	50歳代	50	63		合　計	217	270
	60歳代	32	52	マンションの専有面積	39m² 以下	0	3
	70歳代以上	16	24		40〜59m²	0	31*
	合　計	218	271		60〜79m²	78	148*
世帯主の性別	男	168	157*		80〜99m²	132	69*
	女	31	58*		100m² 以上	7	16
	合　計	199	215		合　計	217	267
家族構成	1人	27	82*	前居住形態	賃貸住宅	72	85
	夫婦2人	60	88		分譲マンション	54	58
	夫婦2人と子ども	95	57*		持ち家一戸建て	37	86*
	その他	29	33		社宅・寮・官舎	29	11*
	合　計	211	260		親・親戚等の家	19	27
居住年数	1年未満	104	57*		その他	7	2*
	1年〜 3年	114	212*		合　計	218	269
	合　計	218	269				

出典：アンケート調査により作成．ただし，大阪市都心地区のデータは富田（2005）による．
(注)　＊は比率の差の検定結果，5％水準で大阪市都心地区と大阪府北部との間に有意差があることを示す．

であることに関係している。

⑦　前居住形態：最多が賃貸住宅で33.0％を占める。これに次いで分譲マンションが24.8％，持ち家一戸建ての17.0％であり，これら2つの前住居が持ち家であった世帯を合わせると，41.8％となり，賃貸住宅の世帯よりも多い。続いて社宅・寮・官舎が13.3％を占めている。

⑧　回答世帯の前居住地域（表5-6）：調査対象地域である北摂4市が最多で74.2％である。すなわち，多くの世帯の前居住地は入居したマンションと同じ市もしくは近隣の市である。これは大阪市内の都心地区マンションでの結果と異なるものであり，北摂地域など大都市圏の郊外にみられる特徴と考えられる。これに次ぐのは北摂4市を除いた大阪府内が10.6％であり，その内訳は大阪府の北部や東部の市が多い。大阪府以外の地域の占める割合は8％ほどである。大阪府以外の地域としては，京都府と兵庫県が多い。以上のように北摂地域を除く地位の割合は25.8％を占めている。

100　第5章　大都市圏の郊外都市における新規マンション居住者の居住満足度と定住意識

表5-6　回答世帯の前居住地域

地　域　区　分	世帯数	割合 (%)	内　　訳　（世帯数）
大阪府北部4市	161	74.2	茨木市：76，吹田市：54，高槻市：28，箕面市：3
大阪市	14	6.4	東淀川区：5，北区：3，中央区：3，淀川区：1
その他の大阪府	23	10.6	枚方市：4，寝屋川市：4，豊中市：3，池田市：1
近畿（大阪府を除く）	16	7.4	京都府：8，兵庫県：5，滋賀県：2，奈良県：1
その他	3	1.4	千葉県：1，広島県：1，徳島県：1
合　　計	217	100.0	

出典：アンケート調査により作成.
(注) 内訳は主要なもののみ記載.

表5-7　回答世帯の世帯主の勤務地域

地　域　区　分	世帯数	割合 (%)	内　　訳　（世帯数）
大阪府北部4市	39	21.3	茨木市：14，吹田市：12，高槻市：13
大阪市	78	42.6	北区：23，中央区：19，淀川区：7，西区：4，都島区：3
その他の大阪府	28	15.3	守口市：4，豊中市：3，門真市：3，摂津市：3，堺市：2，枚方市：2
近畿（大阪府を除く）	22	12.0	京都府：9，兵庫県：11，滋賀県：1，奈良県：1
その他	16	8.8	東京都：6，神奈川県：3，千葉県：2，愛知県：1，広島県：1，福岡県：1
合　　計	183	100.0	

出典：アンケート調査により作成.
(注) 内訳は主要なもののみ記載.

表5-8　前住居が自己所有の場合の前住居の状況

前住居の状況	大阪府北部		大阪市都心地区	
	世帯数	割合 (%)	世帯数	割合 (%)
売却済み	54	58.7	54	37.3*
売却中	5	5.4	5	3.4
貸している	5	5.4	15	10.3
自宅（別宅）として家族の誰かが住んでいる	18	19.6	52	35.9*
その他	10	10.9	19	13.1
合　　計	92	100.0	145	100.0

出典：アンケート調査により作成.
(注) ＊は比率の差の検定結果，5%水準で大阪市都心地区と大阪府北部との間に有意差があることを示す.

⑨　世帯主の勤務地（表5-7）：大阪市内が42.6%と最多であり，これに次ぐのは北摂4市の21.3%である．大阪府以外では京都府が4.9%，兵庫県が6.0%である．

⑩　前住居が自己所有の場合の前住居の状況（表5-8）：「売却済み（58.7%）」が過半数を超えている．続いて多いのが「自宅として家族の誰かが住んでいる（19.6%）」である．「その他」の10.9%には空き家などが含まれる．

第2節 分析の方法と大阪市都心地区マンションの回答世帯との比較

(1) 分析の方法

　マンションの購入理由や定住意識などに関する分析は，調査した4つのマンション別にも行う。その際，マンション間の差の有無を調べるために，比率の差の検定（両側検定）を行う。また，4つのマンションの全体の結果と第4章の大阪市の4つのマンション全体の結果の比較分析を行う際にも，両者間の差の有無を検討するのに同様の検定を行う。これらの検定の際の有意水準はすべて0.05である（有意水準の記載を省略した場合もある）。

(2) 大阪市都心地区マンションの回答世帯との比較

　大阪府北摂地域のアンケート回答世帯の属性と大阪市都心地区マンションのそれとの統計的に有意な差の要点は下記のとおりである（表5-5，表5-8参照）。

① 北摂地域の回答世帯のほうが，家族構成では1人世帯の割合が大阪市都心地区より少なく，「夫婦2人と子ども」世帯の割合が多い。この差は大都市都心地区と大都市周辺地域の居住世帯の一般的な差異の1つである。

② 北摂地域では，居住年数が「1年未満」の世帯の割合が多い。

③ 北摂地域のマンションの回答世帯のほうが，専有面積が「40〜59 m^2」と「60〜79 m^2」の世帯が少なく，「80〜99 m^2」の世帯の割合が多い。これは先述の世帯の家族構成の違いと密接な関連がある。大阪市都心地区マンションでは専有面積が相対的に小さい単独世帯が多く，北摂地域のマンションでは「夫婦2人と子ども」世帯の割合が多いので専有面積は相対的に広いのである。また同程度の分譲価格であれば，北摂地域のマンションの専有面積が広いことも関係している。

④ 前の居住形態が「持ち家一戸建て」の割合は，北摂地域では17.0％であるが，大阪市都心地区では31.9％と相対的に高い。これと逆に北摂地域では，「社宅・寮・官舎」が相対的に多い。前住居が自己所有の場合の前住居の状況の違いは，北摂地域では「売却済み」が多く，「自宅として家族の誰かが住んでいる」世帯は少ないことである。このことから，北摂地域では自己所有していた自宅を売却して現在のマンションを購入した世帯が比較的多く，都心地区マン

102　第5章　大都市圏の郊外都市における新規マンション居住者の居住満足度と定住意識

ションでは，これに該当する世帯は比較的少なく，自己所有していた前の自宅を売却せずに新たなマンションを購入した資金的に余裕のある世帯が多いと考えてよい。

⑤ 回答世帯の前居住地域の違いとして，北摂地域のマンションでは同地域を前居住地とする世帯が多く，前居住地域が比較的に狭域的であるが，大阪市のマンションでは大阪府以外の地域からの転居が相対的に多いなど前居住地が広域的である。

第3節　マンションの購入理由と大阪府北部地域を選択した理由

大阪府北部地域のマンションを購入したことに関する設問は，次の3つである。①購入の理由を選択肢の中から選択してもらう設問。②マンション購入の際に一戸建て住宅の購入も考慮したかどうか，また考慮した場合はその上で最終的にマンション購入に決めた理由を選択してもらう設問。③北摂地域のマンション購入の際に，他の地域のマンションと比較・考慮したかどうか，また比較・考慮した場合はその上で北摂地域に決めた理由を選択してもらう設問。

1）マンションの購入理由

マンションを購入した理由についての設問は，表5-9に記載の17の理由のなかから主要なもの（2つ以内）と該当するものすべてを選択する形式であり，集計の結果は表5-9のとおりである。

（1）主要な購入理由

主要な理由に関して，4つのマンション全体の最多の理由は「交通の便がよい」（51.8%）であり，これに続く理由は「買い物など生活の利便性」（13.3%）と「通勤に便利」（12.8%）である。比率の差の検定結果，4つのマンション間で有意な差が認められた理由は「交通の便がよい」のみである。具体的にいうと，マンション1では他の3つのマンションと比較して，「交通の便がよい」と回答した世帯の割合は28.6%と格段に低い。この要因はマンション1から最寄駅までの距離が徒歩11分やや遠いことと考えてよい。他の3つのマンションはいずれも最寄り駅から徒歩3分以内であるので，この駅からの徒歩8分間の差が大きな意味をもつ

表5-9 マンション購入の理由 (%)

| | 主要理由 | | | | | | 該当する理由 | | | | | |
| | マンションコード | | | | 計 | 大阪市都心地区計 | マンションコード | | | | 計 | 大阪市都心地区計 |
	1	2	3	4			1	2	3	4		
①交通の便がよい	28.6**	59.4*	63.5*	60.6*	51.8	35.4*	54.0*	37.5	36.5	36.6*	41.7	43.2
②通勤（仕事）に便利	11.1*	15.6	13.5	12.7	12.8	28.4*	39.7	59.4	38.5	40.8	42.7	30.3*
③子どもの通学に便利	3.2	0.0	3.8	0.0	1.8	2.6	15.9	6.3	11.5	9.9	11.5	4.1*
④梅田または難波に近い	6.3	12.5	5.8	1.4	5.5	7.0	38.1*	62.5*	63.5*	47.9	50.9	33.9*
⑤分譲（賃貸）価格が適当	6.3	0.0	1.9	2.8	3.2	5.9	44.4*	9.4*	15.4*	33.8*	28.9	19.2*
⑥資産価値がある	0.0	6.3	3.8	5.6	3.7	5.9	7.9**	40.6*	40.4*	33.8*	28.9	23.6
⑦部屋の広さや間取りがよい	6.3	0.0	3.8	4.2	4.1	4.1	33.3	31.3	46.2	39.4	38.1	25.8*
⑧部屋からの眺望がよい	1.6	3.1	0.0	7.0	3.2	9.6*	20.6	18.8	19.2	26.8	22.0	32.1*
⑨駐車場が敷地内にある	0.0	0.0	0.0	0.0	0.0	1.5	28.6	21.9	23.1	33.8	28.0	13.7*
⑩セキュリティ・管理がよい	3.2	6.3	1.9	1.4	2.8	6.3	19.0*	40.6*	50.0*	31.0	33.5	38.0
⑪買い物など生活の利便性	19.0	6.3	15.4	9.9	13.3	5.9*	47.6*	56.3	55.8	66.2*	56.9	29.2*
⑫新築マンションであったから	7.9	12.5	1.9	2.8	5.5	4.1	46.0	43.8	61.5	53.5	51.8	42.4*
⑬前の住居に近いこと	1.6	0.0	0.0	1.4	0.9	2.6	12.7	12.5	5.8*	19.7*	13.3	5.5*
⑭親・子ども・友人の住居に近い	9.5	9.4	13.5	5.6	9.2	5.9	23.8*	21.9	9.6*	18.3	18.3	8.5*
⑮地域・町のイメージがよい	4.8	0.0	0.0	8.5	4.1	2.6	15.9*	12.5*	9.6*	32.4**	19.3	15.1
⑯マンションのグレードが高い	0.0	3.1	1.9	0.0	0.9	9.6*	3.2**	40.6*	28.8*	18.3*	19.7	29.2*
⑰その他	3.2	3.1	5.8	1.4	3.2	2.6	7.9	0.0	1.9	5.6	4.6	3.0
回答世帯数	63	32	52	71	218	271	63	32	52	71	218	271

出典：アンケート調査により作成.

(注1) 回答世帯数に対するある項目を選択した世帯数の%を示す.

(注2) 主要理由は2つ以内の複数回答.

(注3) 大阪市都心地区計の*は大阪府北部計との間に有意差（5%水準）があることを示す.

(注4) マンションコード1～4の欄の*は他の1つのマンションとの間に、**は他の2つのマンションとの間に、***は他の3つのマンションとの間に有意差（5%水準）があることを示す.

104 第5章 大都市圏の郊外都市における新規マンション居住者の居住満足度と定住意識

ているといえる。

　該当する理由に関しては，4つのマンション全体の最多の理由は「買い物など生活の利便性」（56.9％）であり，「新築マンションであったから」（51.8％）と「梅田または難波に近い」（50.9％）も過半数を超えている。これに続いて「通勤に便利」「交通の便がよい」という理由が上位の理由である。したがって，マンションの立地場所に関する理由が多いといえる。

　マンション自体に関する理由もかなりの比重を占めている。すなわち，前述のように「新築マンションであったから」が過半数を超え，「部屋の広さや間取りがいい」「セキュリティ・管理がよい」「分譲価格が適当」「資産価値がある」「駐車場が敷地内にある」もそれぞれ30％内外の割合である。該当する理由についての，4つのマンション間での比率の差の検定結果，有意な差が認められた理由は表5-9に示したように多くあるが，そのなかの特徴的なことは以下のとおりである。

　マンション1では「分譲価格が適当」の割合が高く，「資産価値がある」「マンションのグレードが高い」の割合が低い。マンション2では，「マンションのグレードが高い」と回答した世帯の割合がかなり高いが，一方で「分譲価格が適当」と回答した世帯の割合は低い。マンション3では，「セキュリティ・管理がよい」が相対的に高い割合である。マンション4では，「地域・町のイメージがよい」と答えた世帯の割合が高い。こうしたことから，調査した4つのマンションは「資産価値がある」「マンションのグレードが高い」「分譲価格が適当」「セキュリティ・管理がよい」といったマンションそれ自体に関する理由の比重にはマンション間の差があるが，「買い物など生活の利便性」「通勤に便利」などのマンションの立地にかかわる利便性についての購入理由には，マンション間の大きな違いはないと結論できる。

　該当する理由として「その他」を選択した世帯について，その具体的な記載内容をみると，「病院が近い」「医療機関が多い」または「緑や公園の多い周辺環境のよさ」といった理由が多数みられた。他には「ペット可」「バリアフリー」といった個々のマンションの「売り」をあげたものがあった。

（2）大阪市都心地区のマンションとの比較

　以上のことを，大阪市都心地区におけるマンションと比べて，両者の間に有意

第3節　マンションの購入理由と大阪府北部地域を選択した理由　105

表5-10　マンション購入の理由（%）

	世帯数	%
初めからマンションを希望	168	78.1
マンションと一戸建て住宅の両方を希望	40	18.6
一戸建て住宅を希望	4	1.9
その他	3	1.4
計	215	100.0

出典：アンケート調査により作成.

表5-11　最終的にマンション
購入を決定した理由（%）

	%
価格	51.1
交通・通勤の便	71.1
その他	22.2
回答世帯数	45

出典：アンケート調査により作成.
（注）複数回答.

な差が認められたことは次のとおりである（表5-9）。主要理由として北摂地域のマンションのほうが，「交通の便がよい」と「買い物など生活の利便性」をあげた世帯の割合が多く，これと逆に「通勤（仕事）に便利」「部屋からの眺望がよい」「マンションのグレードが高い」の3つの割合が低い。このことから，北摂地域のマンションの購入理由として，その立地や近隣地区の利便性に関する評価が高いことが大阪市都心地区マンションの場合よりも重要であり，一方，都心地区マンションでは職住近接という利便性のほかに，「部屋からの眺望がよい」などの超高層マンション（タワーマンション）自体のもつ特性に関することが重要な購入理由となっているといえる。

2）一戸建て住宅を考慮の有無

　現在住んでいるマンションを購入する際に，一戸建て住宅の購入についても考慮したかどうかについての設問の回答結果は表5-10のとおりである。78.1%の世帯が「初めからマンションを希望」していたと回答し，マンション購入の際に一戸建て住宅は選択肢に入れていなかった世帯が多いことが明らかである。一方で，「マンションと一戸建て住宅の両方を考慮」（18.6%）と「一戸建て住宅を希望」（1.9%）を合わせた世帯の割合は約2割であり，初めからマンションのみを考慮したのではない世帯も一定程度の割合を占めていることがわかる。これらの世帯に「その他」と回答した世帯も合わせた47世帯が，最終的に現在のマンションの購入を決定した理由についての複数回答（有効回答数は45）の集計結果は表5-11のとおりである。

　表5-11によれば，「交通・通勤の便」が71.1%を占め，「価格」が51.1%を占

めている。調査対象とした4つのマンションが駅から近いものが多かったということもあるだろうが，駅から離れた一戸建てよりも，交通・通勤の利便性を考えて駅近くのマンションに決めた世帯が多いと考えてよい[5]。また，価格面から一戸建て住宅を購入できるかどうかを考慮し，最終的に価格の低いマンションに決めた世帯もかなり多い。「その他」の理由をあげた世帯のなかの具体的な理由の記載をみると，「セキュリティや管理」をあげた世帯が比較的多い（8.9%）。この他には「高齢になった時のことを考えて，2階建て一戸建てよりも，階段のないワンフロアで広いマンションの方がよい」「部屋がきれいで広い」「生活の利便性」「環境や緑地」といった理由や，「主人がマンション派だった」ことを理由にあげた世帯もあった。

3）大阪府北部地域を選好した理由

　マンションを購入するにあたって，なぜ北摂地域を選んだのかという点について考察するため，北摂地域に比較的近い大阪市，京都市，神戸市の3大都市の都心部にあるマンションとの比較を考慮したかという質問を設けた。これは，北摂地域の住民の勤務先や買い物先として，これら京阪神3市の都心部が多いと考えられるからである。この結果は，「比較考慮した」と答えた世帯はわずかに12.0%（26世帯）であり，逆に「比較考慮しなかった」と答えた世帯が88.0%（190世帯）と，大多数の世帯が初めから北摂地域に転居することを考えていたことがわかった。表5-9のマンション購入の理由の質問では，「前の住居に近いこと」を理由としてあげた世帯は少なかったものの，既述のように，北摂4市からの転居者が多いことからも，もともと北摂地域に住んでいた世帯がそのまま北摂地域を居住地として選んだ世帯が多いのである。

　上記の傾向は東京圏の郊外都市の1つである千葉県船橋市でも報告されている。JR船橋駅前の高層分譲マンション[6]の購入者の多くは船橋市内からの住み替え層であった。このような傾向の要因は，育った環境や地域とのつながりを優先し，住み慣れた場所や親が住んでいる土地を離れたくないという，いわば「地縁的住宅需要」である。この需要は，すでに郊外に生活の基盤がある中高年世帯だけでなく，初めて住宅を購入する30歳前後の世帯[7]にも存在する。

　他の大都市都心部と比較・考慮したと回答した26世帯[8]の「比較考慮の結果，

第 4 節　マンションと近隣地区の環境の問題点と居住満足度　107

表 5-12　大阪府北部地域のマンションを選択した理由（％）

	主要理由	該当する理由
①交通・通勤の便	38.5	23.1
②子どもを育てる環境，子どもの学校	3.8	15.4
③生活環境（公園・緑地，騒音・大気汚染）	19.2	42.3
④買い物などの生活の利便性	15.4	19.2
⑤分譲（賃貸）価格が妥当	15.4	23.1
⑥部屋の広さや間取り	11.5	34.6
⑦その他	3.8	11.5
回答世帯数	26	26

出典：アンケート調査により作成.
（注 1）回答世帯数に対するある項目を選択した世帯数の％を示す.
（注 2）主要理由は 2 つ以内の複数回答.

北摂地域のマンションを選択した理由」に関しては表 5-12 に示した結果が得られた。主要な理由としては，最多が「交通・通勤の便」（38.5％）であり，これに次ぐのは「生活環境（公園・緑地，騒音・大気汚染）」（19.2％）である。該当する理由としては, 公園・緑地の有無や騒音・大気汚染などを考慮した「生活環境」をあげた世帯が 42.3％であり，次いで「部屋の広さや間取り」「分譲価格が適当」「買い物などの生活の利便性」が続く。

　上述の結果から，大都市都心部に比べ，周辺環境や生活環境がよく，かつ交通や買い物などの利便性もよい北摂都市の利点を考慮した世帯が多いといえる。また「部屋の広さや間取り」「分譲価格が適当」を理由にあげた世帯がかなり多いことから，大阪市などの大都市都心部に比べ，比較的安価で広い居住空間が得られる利点も重要な理由であることがわかる。表 5-12 の「その他」の理由の具体例としては，「前の住居に近い」「住み慣れた場所」「長年住み続けている地域に愛着を持っている」「北摂地域が好きだから」などの先に述べたように住み慣れた北摂地域に対する愛着が感じられる回答が多い。

第 4 節　マンションと近隣地区の環境の問題点と居住満足度

1）マンションと近隣地区の環境の問題点

　居住するマンションや近隣の生活環境に関して「不便・不満であるまたは問題がある」ことについての設問は，表 5-13 に記載の 15 の事項のなかから主要な

表5-13　マンション・近隣地区の問題点 (%)

	主要な問題点						該当する問題点					
	マンションコード				計	大阪市都心地区計	マンションコード				計	大阪市都心地区計
	1	2	3	4			1	2	3	4		
①最寄の鉄道駅への距離	0.0	0.0	0.0	0.0	0.0	0.7	3.2	6.3	0.0	2.8	2.8	3.0
②日常的な買い物の便	0.0	0.0	0.0	1.4	0.5	23.6*	1.6	6.3	1.9	4.2	3.2	15.5*
③小・中学校の近さ	0.0	0.0	0.0	1.4	0.5	0.7	0.0*	3.1	0.0*	8.5**	3.2	1.5
④保育園・幼稚園の近さ	0.0	0.0	0.0	2.8	0.9	0.7	1.6	3.1	1.9	7.0	3.7	1.1
⑤近隣の医療施設	0.0	0.0	0.0	1.4	0.5	3.7*	1.6	3.1	0.0	1.4	1.4	4.1
⑥近隣のサービス業	4.8	0.0	1.9	1.4	2.3	1.5	0.0*	3.1	7.7*	2.8	3.2	3.3
⑦近隣の飲食店	1.6	3.1	0.0	8.5	3.7	2.6	9.5	12.5*	1.9*	15.5**	10.1	3.3*
⑧公園・緑地などのオープンスペース	3.2	18.8	5.8	1.4	5.5	5.9	7.9*	28.1*	28.8*	7.0*	15.6	5.9*
⑨騒音や大気汚染	7.9*	25.0**	48.1**	9.9*	20.6	48.3*	22.2	34.4*	36.5*	11.3*	23.9	11.4*
⑩近隣地区の防犯・治安面	0.0*	0.0	9.6*	0.0*	2.3	9.2*	3.2*	3.1	13.5*	1.4*	5.0	11.8*
⑪部屋の日当たり	3.2	0.0	1.9	0.0	1.4	2.2	7.9	3.1	3.8	11.3	7.3	4.8
⑫同じマンションの入居者	3.2	0.0	1.9	2.8	2.3	1.1	14.3*	3.1	1.9*	2.8*	6.0	3.3
⑬マンションのセキュリティ・管理	1.6	0.0	0.0	0.0	0.5	1.5	4.8	3.1	3.8	4.2	4.1	2.2
⑭部屋の広さや間取り	6.3	3.1	1.9	5.6	4.6	6.6	6.3	18.8	7.7	7.0	8.7	7.7
⑮その他	1.6	0.0	0.0	5.6	2.3	5.9	17.5*	12.5*	1.9*	4.2*	8.7	1.1
回答世帯数	63	32	52	71	218	271	63	32	52	71	218	271

出典：アンケート調査により作成.

(注1) 回答世帯数に対するある項目を選択した世帯数の%を示す.

(注2) 主要な問題点は2つ以内の複数回答.

(注3) 大阪市都心地区計の欄の＊は大阪府北部との計との間に有意差（5%水準）があることを示す.

(注4) マンションコード1〜4の欄の＊は他の1つのマンションとの間に、＊＊は他の2つのマンションとの間に、＊＊＊は他の3つのマンションとの間に有意差（5%水準）があることを示す.

の（2つ以内）と該当するものすべてを選択する形式である。この 15 の事項は，マンション自体に関すること（例えば，部屋の日当たり）とマンションが立地する近隣地区に関するもの（例えば，日常的な買い物の便）に大きく二分できる。

（1）問題点についてのマンション別の分析

上述の集計結果は表 5-13 のとおりである。主要な問題点を 4 つのマンション全体でみると，「騒音や大気汚染」が最多の 20.6％であり，他の問題点はいずれも 6％未満の割合である。この「騒音や大気汚染」についてみると，とくにマンション 3 では 48.1％の世帯が問題点としてあげているが，マンション 1 と 4 では 10％未満であり，このマンション間の差は統計的に有意である。マンション 3 で「騒音や大気汚染」がひどいのは，その立地点が第 1 節 2）で述べたように幹線道路に囲まれた場所という特殊性にある。「騒音や大気汚染」を除いて，マンション別にみて 10％以上の世帯が主要な問題であると回答した事項は，マンション 2 の「公園・緑地などのオープンスペース」のみである。

該当する問題点についての 4 つのマンション計の結果は次のとおりである。ここでも「騒音と大気汚染」が最多の問題であり，これ以外に 10％以上の世帯があげたものは「公園・緑地などのオープンスペース」と「近隣の飲食店」である。これら 3 つについても，マンション間の有意な差が認められる。例えば，「公園・緑地などのオープンスペース」については，マンション 2 が 28.1％，マンション 3 が 28.8％と高いが，他の 2 つのマンションでは 10％未満である。

以上のほか，該当する問題点についてのマンション別の有意な差は下記のとおりである。マンション 1 では「同じマンションの入居者」に不満を感じている世帯が 14.3％と，他のマンションよりも多い。マンション 2 では「部屋の広さや間取り」が 18.8％，マンション 3 では「近隣地区の防犯・治安面」が 13.5％と他のマンションより高い。マンション 4 では，「小・中学校の近さ」「保育園・幼稚園の近さ」を問題点としてあげている世帯が比較的多い。

「その他」を問題点と回答した世帯についてその具体例をみてみると，「立体駐車場が不便」「駐輪場の数が不足」「部屋の間取り」「収納スペース」「風が強い」「日当たりが悪い」「眺望が悪い」「鳩がくる」といったマンションそのものの設備や環境についての問題や「上階の住人の音」「住民交流の場が乏しい」といった住民間の問題，「渋滞が多い」「クリーニング店が少ない」「銀行窓口が近くにない」

110 第5章 大都市圏の郊外都市における新規マンション居住者の居住満足度と定住意識

表5-14 マンションの住み心地についての満足度（%）

マンションコード	満足している	まあまあ満足	やや不満	かなり不満	計	
					%	N
1	40.3	54.8	3.2	1.6	100.0	62
2	46.9	46.9	6.3	0.0	100.0	32
3	40.4	59.6	0.0	0.0	100.0	52
4	42.3	52.1	4.2	1.4	100.0	71
計	41.9	53.9	3.2	0.9	100.0	217
大阪市都心地区計	37.8	54.8	5.9	1.5	100.0	270

出典：アンケート調査により作成.

「公共施設が遠い」「近くにマンションが多すぎる」といった近隣の生活環境にかかわるさまざまな事が指摘されている。

（2）大阪市都心地区のマンションとの比較

　大阪市都心地区のマンションと比べて有意な差と認められたことの要点は，次のとおりである。北摂地域のマンションでは主要な問題点をあげた世帯の割合が少ないことが大きな相違点である。具体的なこととしては，北摂地域では「日常的な買い物の便」「騒音や大気汚染」「近隣地区の防犯・治安面」および「近隣の医療施設」をあげた世帯の割合は少ない。したがって，北摂地域のほうが近隣地区の問題点が相対的に少ないといってよい。しかし，北摂地域のマンション3では，「騒音や大気汚染」が問題とする世帯がほぼ半数であり，「騒音や大気汚染」の問題は大都市都心地区に固有の問題ではなく，郊外都市にもみられる問題であることもまた明らかである。

2）マンションの居住満足度

（1）マンションの住み心地

　マンションの居住満足度は，「居住するマンションに関する満足度（以下，マンションの住み心地という）」と「居住する近隣地区の環境や生活の利便性についての満足度」の2つに分けることができる。本章のアンケート調査ではこの2つについての設問を設けた。以下は，この2つの点からみた居住満足度についての結果である。

　マンションの住み心地についての結果は表5-14のとおりである。4つのマンション全体でみると，「満足している」が41.9%，「まあまあ満足」が53.9%であ

第4節　マンションと近隣地区の環境の問題点と居住満足度　111

表 5-15　近隣地区の環境・生活利便性についての満足度 (%)

マンションコード	満足している	まあまあ満足	やや不満	かなり不満	計	
					%	N
1	37.1	59.7	3.2	0.0	100.0	62
2	43.8	53.1	3.1	0.0	100.0	32
3	41.2	54.9	3.9	0.0	100.0	51
4	40.8	56.3	2.8	0.0	100.0	71
計	40.3	56.5	3.2	0.0	100.0	216
大阪市都心地区計	25.2*	60.4	12.6*	1.8*	100.0	270

出典：アンケート調査により作成.
(注) 大阪市都心地区集計の欄の＊は大阪府北部の計との間に有意差（5%水準）があることを示す.

り，両方を合わせると 95.8％でほとんどの世帯が満足していることがわかる。これについてのマンション別の有意な差はなく，また大阪市都心地区マンションとの有意な差もない。

(2) 近隣地区の住環境・生活の利便性の満足度

この結果は表 5-15 のとおりである。4 つのマンション全体では「満足している」が 40.3％，「まあまあ満足」が 56.5％，両方を合わせると 96.8％であり，マンションの住み心地についての満足度と同様に，ほとんどの世帯が満足と回答した。「かなり不満」と回答した世帯は皆無であった。4 つのマンション別のこの満足度についての有意な差はない。

大阪市都心地区マンションでは，「満足している（25.2％）」と「まあまあ満足（60.4％）」をあわせた割合は約 85％である（表 5-15）。大阪市都心地区マンションとの有意な差として，北摂地域マンションでは「満足している」世帯の割合が高く，「やや不満」と「かなり不満」の割合が低い。北摂地域のマンション間のこれらについての有意な差はない。したがって，北摂地域のマンションのほうが明らかに，都心地区マンションよりも「住環境・生活の利便性」の満足度は高いと結論できる。

(3) マンションと近隣地区についての不満点と満足点

「マンションや近隣の住環境・生活の利便性に関連したことで希望や意見があれば」と，自由回答形式で設けた設問に対しての具体的な記入内容を分類して集計したものが表 5-16 である。これを不満内容と満足内容に分けてみると，不満内容としては，自動車の騒音などの「騒音・大気汚染」に関連した記入が多い。

112 第5章 大都市圏の郊外都市における新規マンション居住者の居住満足度と定住意識

表5-16 マンションと近隣地区の具体的な不満点・満足点（世帯）

		マンションコード				計
		1	2	3	4	
不満点	交通渋滞	2	1	0	0	3
	騒音・大気汚染	1	6	5	6	18
	住民のマナー	3	0	0	1	4
	ペットの鳴き声	2	0	0	0	2
	マンションの構造（間取り，駐車場等）	2	1	1	2	6
	近隣環境（歩道，交通機関等）への不満	1	3	1	1	6
	自然環境に対する不満	0	3	0	1	4
	夜間の騒々しさ（若者，風俗等）	1	2	1	1	5
	小売店舗・銀行・病院等の不足	0	0	0	13	13
	周りにマンションが多い	2	1	0	1	4
	小　計	14	17	8	26	65
満足点	自然環境	1	0	0	3	4
	交通の利便性	1	3	0	1	5
	周辺施設（病院，スーパー，学校）	2	1	1	1	5
	利便性のよさ	1	1	1	3	6
	治安がよい	0	1	0	0	1
	マンションの構造（バリアフリー）	0	0	1	1	2
	マンションのグレードの高さ	0	0	1	0	1
	市の開発計画（駅周辺のバリアフリー化）	0	0	0	1	1
	小　計	5	6	4	10	25
	合　計	19	23	12	36	90

出典：アンケート調査により作成.

　また，駅前立地ではあるが，中心市街地に位置していないマンション4では，近くに銀行や小売店舗などの少なさを不満とする記入世帯数が13と多い。

　満足内容としては，周辺施設，とくに病院やスーパー，学校などへの近接性や生活の利便性についての記入が多くみられた。不満内容でも満足内容でもなく，意見が述べられているものもいくつかあり，「長年，北摂地域に暮らしてきたが，近年のマンション増加などで人口も増え，周辺環境の変化も感じている」といった，自分たちの暮らしている周辺環境の変化を指摘したものもある。

第5節　定住意識についての分析

1）定住意識と転居理由

　定住意識についての集計結果は表5-17のとおりであり，マンション間の有意な差はない。全体の61.8%の世帯が「転居するつもりはない」と回答し，「わか

第 5 節　定住意識についての分析　113

表 5-17　定住意識について（%）

マンションコード	転居するつもりはない	将来は転居するつもり	現在転居を考えている	わからない	計	
					%	N
1	62.9*	14.5	0.0	22.6	100.0	62
2	56.3**	12.5	0.0	31.3	100.0	32
3	59.6	21.2*	1.9	17.3	100.0	52
4	64.8*	8.5*	1.4	25.4	100.0	71
計	61.8	13.8	0.9	23.5	100.0	217
大阪市都心地区計	49.1*	22.1*	3.7*	25.1	100.0	271

出典：アンケート調査により作成.
（注1）大阪市都心地区計の欄の＊は大阪府北部の計との間に有意差（5%水準）があることを示す.
（注2）マンションコード1～4の欄の＊は他の一つのマンションとの間に，＊＊は他の二つのマンションとの間に有意差（5%水準）があることを示す.

らない」と回答した世帯は 23.5%である。「将来は転居するつもり」が 13.8%（30世帯），「現在転居を考えている」はわずか 0.9%（2 世帯）である。これら 2 つの転居を志向する 32 世帯の転居の理由・事情および転居先についての自由回答形式の集計結果は次のとおりである。

　「親の介護」「土地がある」などの理由で「将来は実家に戻る」と回答した世帯が 27.6%，「結婚」「退職」「子どもの独立」「出産」といったライフステージの変化に伴って必要に合わせて転居を考えている世帯が 17.2%，「転勤のため」という事情をあげた世帯が 17.2%である。また，「老後は田舎で」「有料老人ホームに入ることを考えている」といった自分の老後のことを考えてという世帯も若干みられる。

　上記のような理由とは異なり，マンションそのものや周辺の環境に不満を感じていることから転居を考えているという世帯の割合は 34.5%と相対的に高い。具体的には「もっと広いところに住みたい」「壁が薄く音がうるさい」「バリアフリーに疑問を感じる」「近隣への気遣いが必要」「庭がない」「近所関係の不満」「騒音や空気の悪さ」「自然の多いところに住みたい」などの理由があげられている。以上のことから，マンション自体に関する理由が多く，周辺環境に関するそれは少ないと総括できる。

2）大阪市都心地区マンションとの差異

　定住意識については大阪市都心地区マンションと有意な差がある。それは，北

摂地域のマンションでは「転居するつもりはない」世帯の割合が多く，「将来は転居するつもり」と「現在転居を考えている」世帯の割合が低いということである。明らかに北摂地域のマンションのほうが，転居志向率が低く，定住意識が高いのである。

転居志向世帯の転居の理由・事情についても大きな相違が認められる。それは，北摂地域では，マンションそのものや周辺の環境に不満を感じていることから転居を考えているという世帯の割合は34.5％であるのに対して，大阪市都心地区ではこの割合は67.4％であり，有意な差がある。大阪市都心地区では周辺の環境を理由とする割合（39.1％）がとくに多いのである。

既述のように，大阪市都心地区マンションの回答世帯には単独世帯が相対的に多い。このことが全世帯の定住意識が相対的に低いことに影響している可能性がある。一般に非高齢の単独世帯の住居の移動性は高いからである。これについて考察するために，大阪市都心地区のマンション世帯を分類した分析結果をみると，核家族世帯の定住意識は単独世帯あるいは中年シングル女性世帯のそれとの有意な差は認められなかった（本書83ページ）。それゆえ，単独世帯の多いことが全世帯の定住意識の相対的な低さに影響しているのではないと判断してよい。したがって，近隣地区の環境などへの不満を主因とする転居志向率の上記の差は，アンケート調査の回答世帯の属性による影響は少なく，マンションが立地する近隣地区の環境それ自体の差異に起因するところが大きいと結論できる。

第6節　本章の要約

1）大阪市都心地区マンションとの相違点の要約

以上の北摂地域における4つのマンション居住世帯の回答と大阪市都心地区マンションのそれとの相違点は，次のように要約できる。

（1）北摂地域のマンションでは，入居者の前住地は北摂地域が多く，当該マンションを購入するに際して，初めから北摂地域の（戸建住宅でなく）マンションを考えていた世帯が多い。これに対して，大阪市都心地区マンションの入居者の前住地は広域的である。この差の1つの要因は，第3節3）で述べたように北摂地域では，大阪市都心地区よりも地縁的住宅需要が多いことである。

（2）マンション購入の理由：この主要理由として北摂地域のマンションでは，「交通の便がよい」と「買い物など生活の利便性」をあげた世帯の割合が大阪市都心地区の場合よりも多く，これと逆に「通勤（仕事）に便利」「部屋からの眺望がよい」「マンションのグレードが高い」の3つの割合が低い。以上のことから，北摂地域のマンションの場合は，その立地に関する評価の高いことが重要な理由であり，マンション自体のもつ特性に関することは，大阪市都心地区と異なり重要な購入理由でないことが明らかである。

（3）マンションと近隣地区の問題点：北摂地域のマンションでは主要な問題点をあげた世帯の割合が，大阪市都心地区マンションよりも少ないことが大きな相違点である。具体的なこととしては，北摂地域では「日常的な買い物の便」「騒音や大気汚染」「近隣地区の防犯・治安面」および「近隣の医療施設」をあげた世帯の割合は少ない。したがって，北摂地域のほうが近隣地区の問題点が相対的に少ないと結論できる。ただし，北摂地域のマンション3では，「騒音や大気汚染」を問題とする世帯が大阪市都心地区マンションと同程度に多い。

（4）近隣地区の住環境・生活の利便性の満足度：北摂地域のマンションでは「満足している」世帯の割合が高く，「やや不満」と「かなり不満」の割合が低い。北摂地域の4つのマンション間のこれらについての有意な差はない。したがって，北摂地域のマンションのほうが都心地区マンションよりも「住環境・生活の利便性」の満足度は高いといえる。

（5）定住意識：北摂地域のマンションでは「転居するつもりはない」世帯の割合が多く，「将来は転居するつもり」と「現在転居を考えている」世帯の割合が低い。これについての回答世帯の属性による影響を検討した結果，この影響は認められなかった，したがって，北摂地域のマンションのほうが，定住意識が高いことが明白である。

（6）転居志向世帯の転居理由：北摂地域ではライフステージの変化などの世帯の事情の割合が高く，近隣地区の環境を理由とする世帯は少ない。これに対して大阪市都心地区マンションでは近隣地区の環境を理由とする世帯が相対的に多い。これらのことから，両地域の転居志向世帯の転居理由の差異に最も影響していることは，上述の「（4）近隣地区の住環境・生活の利便性の満足度」の違いであることがわかる。

116　第5章　大都市圏の郊外都市における新規マンション居住者の居住満足度と定住意識

（7）上記の（3）〜（6）から，次のことが導出される。北摂地域のマンションは大阪市都心地区マンションよりも「近隣地区の住環境・生活の利便性」が良好であるために，これについての満足度が高く，これに関する問題点をあげた世帯も少ない。このことが北摂地域のマンション居住者の定住意識の高さおよび転居志向率の相対的な低さに大きく影響しているのである。

2）大都市圏における居住地選好

　大都市圏内の居住地に関しても，利便性が高い所は生活環境が悪く，逆に生活環境がよい所は利便性が低いというトレードオフの関係が一般にみられる。前者の典型が大都市の都心地区であり，後者の代表が郊外住宅地である。こうした関係のなかで，大都市への近接性が高く成熟した郊外都市の中心市街地（都心地区）は，利便性と生活環境のよさをともに程よく得られる場所，言い換えれば大都市の便利さと郊外のやすらぎの両方を得られる場所として位置づけられよう。

　本節の前記の（2）〜（7）で述べたように，アンケート調査をした4つのマンションが立地する北摂諸都市の中心市街地は，上記の場所に該当するといえる。香川（2001）は，「大都市圏における住宅市場のなかでマンションが一般化してくる状況のなかで，中心都市の都心地区への交通の利便性やマンションの広さや価格を考慮して，相対的に地価の安い郊外都市の駅前に立地するマンションを指向する住宅需要者の存在」が郊外都市の駅周辺における今後のマンション立地を促すことを指摘しているが，本章の分析結果はこの指摘を論証するものでもある。

　大都市圏の郊外の戸建住宅に居住する60歳代以上の年齢層の転居先として，大都市圏の中心都市の高層マンションとともに，あるいはそれ以上に郊外都市の都心地区に立地するマンションの比重が大きくなると考えられる。さらにいえば，本章第3節で述べた地縁的需要を中心とした広範な世代にわたって，郊外都市都心地区のマンションに対する高い評価は持続すると考えられる。ただし，近隣地区における生活関連業種などの中心機能の集積など一定の条件を備えていることが高い評価の前提である。

（注）

（1）本章で用いる分譲マンションの「件数」は，分譲件数のことであり，分譲棟数では

ない．それは複数の棟数が同時に分譲される場合も1件と勘定しているからである．

(2) 同一時期・同一大都市圏の都心地区と郊外におけるマンション入居者の居住満足度や転居志向についての比較研究はないようである．

(3) 北摂4市の人口（2000年）は次のとおりである。吹田市：353,853人，高槻市：351,803人，茨木市：267,976人，箕面市：127,132人．

(4) 520件のうち，主要間取りが1R（ワンルーム）：2件，1LDK：2件，2LDK：3件を除くと，他はすべて3LDKまたは4LDKという間取りである（不動産経済研究所「マンション市場動向」の資料より集計）．

(5) 表5-3のマンションの平均分譲価格に近い4,100〜4,300万円程度の価格で分譲されていた，北摂4市における間取りが4LDKの建売一戸建て住宅の概要は次のとおりである。土地面積は100〜120m^{2}程度，延床面積は90〜110m^{2}程度であり，立地場所は鉄道駅から徒歩10分以上の物件が多い（複数の不動産仲介業者の2006年1月のインターネットホームページによる）．

(6) 2004年に分譲された31階建て，293戸の平均販売価格が約4,500万円の駅から徒歩1分のマンション（2004年5月31日の日本経済新聞朝刊の記事による）．

(7) 近所に住んでほしいという親の希望や子育て時の住環境を考慮することが需要の背景にある（2004年5月31日の日本経済新聞朝刊の記事による）．

(8) 比較・考慮した都市の内訳は，大阪市内が最多の34.6%であり，神戸市内が11.5%，その他として京都市，芦屋市，尼崎市があげられた．

第6章　大都市圏における新時代の居住地選好

はじめに

　1990 年代以降の大都市圏におけるマンションの立地は著しい。1996 〜 2007 年の 12 年間で首都圏と近畿圏で供給された新築分譲マンションの戸数 [1] は，前者が約 88 万 5000 戸，後者が約 41 万 5000 戸であった。このような大量のマンションの供給によって，住宅総数に占めるマンションやアパートなどの共同住宅の割合は増加しつつある。

　全国の住宅総数に占める共同住宅の割合（2003 年）は 40.0％であり，一戸建ての割合（56.5％）に次ぐ。住宅総数に占める共同住宅の割合は地域差が大きい。3 大都市圏全体では 50.9％，関東大都市圏では 55.0％，3 大都市圏以外の地域では 28.4％と大きな差がある。これを東京圏の距離帯別でみると 0 〜 10km：76.2％，10 〜 20 km：66.5％，20 〜 30 km：57.9％と圏域の外側ほど低下し，50 〜 60 km では 50％を大きく下回る 28.8％である（2003 年住宅・土地統計による）。

　このように大都市，とりわけその都心地区では住宅総数に占める共同住宅の割合が高いことは明白である。いまやマンションは超高層のオフィスビルやホテルとともに，大都市都心地区の景観や土地利用の点できわめて重要な地位を占めるに至ったのである。さらにいえば，バブル経済期以降の全国的なマンションの供給増加の中で，マンション購入者が増加し，所有住宅としてマンションの果たす役割が大きくなってきている（久保，2008）。

　本章の目的は，このようにマンション居住が増加するなかで，大都市圏における今後の居住地選好についてマンションという重要な居住形態を考慮して検討することである。この検討に際して，第 4 章と第 5 章の大阪市都心地区と大阪郊外の新規分譲マンション居住者に対する居住意識などをアンケート調査した結果および未公表のデータ [2] を利用する。その際，とくに一戸建て住宅から都心地区および郊外のマンションへ転居した世帯の入居理由と現在のマンションにおける

120 第6章 大都市圏における新時代の居住地選好

居住満足度などを把握する。これは大都市圏における将来のマンション居住の動
向を検討する際に参考となる資料と考えられる。

以下の第1節では，前述の大阪大都市圏における2つの地域のマンションに入
居する世帯に対するアンケート調査の概要を述べ，第2節においては大都市圏に
おける将来の居住地・居住形態の選好について検討する。

第1節 都心地区と郊外都市におけるマンション居住者の居住意識の比較

1) 調査対象マンションと回答世帯の概要

既述の大阪市都心地区（北区，中央区，浪速区）と大阪府北部地域（吹田市，
高槻市，茨城市）において調査対象としたマンションの概要と回答世帯の属性に
ついては，第4章1節および第5章1節のとおりである。なお，以下では上記の
大阪府北部の地域を北摂地域という。

2) 前居住形態が「持ち家一戸建て」世帯の属性

前述のアンケート調査のおもな結果は，第4章と第5章において記述したよう
に全回答世帯についての結果である。本章では、全回答世帯の中で，前居住形態
が「持ち家一戸建て」世帯のみ[3]の調査結果も一部記載する。これは、持ち家
一戸建てからマンションへ転居した世帯の分析は，今後の大都市圏における居住
地選択を検討するうえで重要であるという理由からである。

前居住形態が「持ち家一戸建て」世帯に該当するのは都心地区マンションでは
50世帯，北摂地域のマンションでは25世帯である。以下ではこれら世帯を，「前
一戸建て世帯」と略称する。ただし，既述の全回答世帯の結果と同様の結果であ
る場合は，基本的に結果の記述を略す。全回答世帯の結果と異なる場合および重
要と思われる結果のみ記述する。以下の文中にある「%」は全回答世帯数（また
は前一戸建て世帯数）に占める当該世帯数の割合である。

前の居住形態が「持ち家一戸建て」の割合は，北摂地域のマンションでは17.0
%である。これに対して，大阪市都心地区では31.9%であり，実に3分の1の世
帯は持ち家一戸建てからマンションへと転居したのである。表6-1に記載した都
心地区マンションの前一戸建て世帯の属性の概要は下記のとおりである。

第1節　都心地区と郊外都市におけるマンション居住者の居住意識の比較　121

表 6-1　大阪市都心地区のマンションへ持ち家一戸建て住宅から転居した世帯の属性

No	マンションコード	世帯主の年代	世 帯 類 型	前 の 居 住 地	近隣地区の環境評価	定住意識
1	A	70歳代以上	その他 F	大阪府豊中市	○○	○
2	A	60歳代	夫婦2人	大阪府高槻市	○○	△
3	A	70歳代以上	夫婦2人	兵庫県川西市	○○	○
4	A	40歳代		大阪府河内長野市	○	×
5	A	60歳代	その他	大阪府	○○	△
6	A	50歳代	その他	大阪府寝屋川市	○○	×
7	A	50歳代	夫婦2人と子ども	大阪府河内長野市	○○	×
8	A	50歳代	夫婦2人と子ども F	大阪府八尾市	○○	○
9	A	70歳代以上	夫婦2人と子ども	大阪府河内長野市	○○	○
10	A	20歳代以下	その他	大阪市中央区	○○	△
11	A	50歳代	夫婦2人	神奈川県横浜市	○○	○
12	A	50歳代	夫婦2人と子ども	奈良県大和郡山市	○○	○
13	A	60歳代	夫婦2人	兵庫県川西市	○○	○
14	A	50歳代	その他 F	大阪府茨木市	○○	○
15	A	60歳代	その他	大阪市北区	○○	○
16	A	60歳代	非該当 F	大阪市北区	××	○
17	A	60歳代		奈良県奈良市	○○	○
18	A	70歳代以上	夫婦2人	高知県高知市	○○	○
19	A	70歳代以上	夫婦2人	大阪府箕面市	○○	○
20	A	60歳代			○	○
21	B	60歳代	夫婦2人と子ども	大阪府東大阪市	○○	○
22	B	50歳代	夫婦2人	大阪府河内長野市	○○	○
23	B	60歳代	夫婦2人と子ども	大阪市中央区	○	×
24	B	70歳代以上	夫婦2人	大阪府堺市	○	○
25	B	60歳代	非該当 F	和歌山県海南市	○	○
26	B	30歳代	その他	大阪市浪速区	○	○
27	B	50歳代	非該当 F	大阪府河内長野市	○	△
28	B	60歳代	夫婦2人	大阪市浪速区	○	△
29	B	60歳代	―		○○	×
30	B	30歳代	その他 F	大阪市中央区	○	△
31	B	70歳代以上	夫婦2人	奈良県王寺町	○	×
32	B	60歳代	夫婦2人	大阪市浪速区	○	△
33	B	70歳代以上	夫婦2人	奈良県奈良市	○	△
34	B	50歳代	夫婦2人	奈良県奈良市	○	○
35	B	60歳代	夫婦2人	大阪市住之江区	○	×
36	B	70歳代以上	夫婦2人	大阪府羽曳野市	○	○
37	B	60歳代		大阪市浪速区	○	△
38	B	50歳代	夫婦2人と子ども	奈良県奈良市	×	△
39	B	50歳代	非該当	大阪府八尾市	○	○
40	B	50歳代	その他	大阪府岸和田市	○○	○
41	C	40歳代		大阪府岸和田市	○○	○
42	C	30歳代	非該当 F	大阪府東大阪市	○	△
43	D	70歳代以上	―	滋賀県水口町	○	○
44	D	60歳代	夫婦2人と子ども	大阪府阪南市	○	△
45	D	50歳代	非該当 F	大阪府八尾市	○	○
46	D	70歳代以上	非該当	大阪府大阪市	○	○
47	D	70歳代以上	夫婦2人 F	大阪府東大阪市	○	○
48	D	60歳代	夫婦2人と子ども	大阪府富田林市	○	○
49	D	50歳代	夫婦2人	三重県名張市	○○	△
50	D	50歳代	夫婦2人と子ども	滋賀県大津市	○	××

出典：アンケート調査により作成．
(注1)「近隣地区の環境評価」の欄の記号の意味は次のとおりである．○○は「満足している」，○は「まあまあ満足」，×は「やや不満」，××は「かなり不満」．
(注2)「定住意識」の欄の記号の意味は次のとおりである．○は「転居するつもりはない」，△は「わからない」，×は「将来は転居するつもり」，××は「現在転居を考えている」．
(注3)「―」は回答欄に記入なし．
(注4) 世帯類型欄のFは世帯主が女性を示す．

122　第6章　大都市圏における新時代の居住地選好

表6-2　北摂地域のマンションへ持ち家一戸建て住宅から転居した世帯の属性

No	マンションコード	世帯主の年代	世帯類型	前の居住地	近隣地区の環境評価	定住意識
1	1	60歳代	単独	京都府京都市	○	△
2	1	50歳代	その他	茨木市	○	△
3	1	50歳代	夫婦2人	茨木市	○○	○
4	2	60歳代	―	寝屋川市	○○	○
5	2	50歳代	夫婦2人と子ども	高槻市	○	○
6	2	70歳代以上	単独F	茨木市	○○	○
7	2	50歳代	―	吹田市	○	○
8	2	60歳代	―	茨木市	○○	○
9	3	70歳代以上	その他F	高槻市	○○	○
10	3	50歳代	その他	高槻市	○○	○
11	3	60歳代	単独F	高槻市	○○	○
12	3	50歳代	―	高槻市	○	○
13	3	60歳代	―	大阪市大正区	○○	○
14	3	60歳代	その他	高槻市	○	○
15	3	50歳代	夫婦2人と子ども	京都府	○○	△
16	3	60歳代	夫婦2人	茨木市	○	○
17	4	70歳代以上	夫婦2人	滋賀県草津市	○	○
18	4	60歳代	夫婦2人	兵庫県川西市	○	△
19	4	60歳代	夫婦2人	吹田市	○	○
20	4	70歳代以上	単独F	吹田市	○○	○
21	4	70歳代以上	夫婦2人	吹田市	○	○
22	4	70歳代以上	夫婦2人	池田市	○	○
23	4	60歳代	その他	寝屋川市	○	○
24	4	60歳代	夫婦2人	吹田市	○	×
25	4	70歳代以上	夫婦2人	大阪市東淀川区	○	×

出典：アンケート調査により作成.
(注1)「近隣地区の環境評価」の欄の記号の意味は次のとおりである．○○は「満足している」，○は「まあまあ満足」，×は「やや不満」．
(注2)「定住意識」の欄の記号の意味は次のとおりである．○は「転居するつもりはない」，△は「わからない」，×は「将来は転居するつもり」．
(注3)「―」は回答欄に記入なし.
(注4)世帯類型欄のFは世帯主が女性を示す.

　世帯主の年代の最多は60歳代であり，次いで50歳台と70歳台が多い。全回答世帯の最多年代は30歳台であり明確な違いが認められる[4]。世帯類型は「夫婦2人世帯」が17世帯で最多であり，「夫婦2人と子どもの世帯」が10世帯，「単独世帯」が4世帯である。全回答世帯では「夫婦2人世帯」が最多である点は同じであるが，これに次いで多いのが「単独世帯」の31.5%[5]である点が異なる。

　北摂地域のマンションの前一戸建て世帯の特徴的な属性は，世帯主の年代がすべて50歳代以上ということである（表6-2）。このうち60歳代の世帯数は11で

あり，70 歳代以上の世帯数は 7 である。全回答世帯では，世帯主の年代は 30 歳代が最多であり，次いで 40 歳代が多い。北摂地域の前一戸建て世帯の世帯類型は，「夫婦 2 人世帯」が 9 世帯で最多であり，「単独世帯」が 4 世帯（このうち 3 世帯が女性の高齢単独世帯），「夫婦 2 人と子どもの世帯」はわずかに 2 世帯である。全回答世帯の世帯類型では「夫婦 2 人と子どもの世帯」が 45.0% と最多である。このように世帯主の年代と世帯類型に違いが認められる。

3）主要な結果

以下では，全回答世帯のアンケート調査の結果を「前一戸建て世帯」の結果と比較しながら記述する。

(1) 前住地域

全回答世帯の前居住地域をみると，北摂地域のマンションでは北摂地域の都市を前居住地とする世帯が多く（74.2%），前居住地域が比較的に狭い。これは「育った環境や地域とのつながりを優先し，住み慣れた場所や親が住んでいる土地を離れたくない」という，いわば「地縁的住宅需要」が多いことが大きな要因である。大阪市都心地区マンションでは「大阪府以外の地域からの転居」が相対的に多い（22%）など前居住地が広域的である点が，北摂地域と異なる。

前一戸建て世帯の前住地：都心地区マンションでは，大阪市を前住地とするのは 10 世帯と少なく，大阪市を除く大阪府が 23 世帯と多い。大阪府以外も 13 世帯と多く，前住地が広域的であることが明らかである。北摂地域のマンションでは，北摂地域を前住地とする世帯が多い。しかし，北摂 4 市以外の地域（大阪市，寝屋川市，滋賀県，京都市，兵庫県など）からの転居も 9 世帯（36%）とかなりの割合を占めている。これは全回答世帯と同様の傾向である。

(2) マンション購入の理由

購入の理由は、主要な理由と該当する理由とに 2 つに区別した設問の回答である[6]。ここでは主要な理由を中心にその結果を記述する。都心地区マンションの場合，「交通の便がよい」（35.4%）が最多であり，次いで「通勤（仕事）に便利」（28.4%）である。このように都心地区のもつ固有の地区特性である「雇用の集積（職住近接）」と「公共交通の整備」に関係する項目がマンション購入の主要理由である。このほかに，新規の高級超高層マンションというマンションの

124 第6章 大都市圏における新時代の居住地選好

表6-3 持ち家一戸建て住宅からマンションへ転居した世帯のマンション購入理由 （世帯）

	大阪市都心地区		北摂地域	
	主要理由	該当する理由	主要理由	該当する理由
①交通の便がよい	18	24	9	16
②通勤（仕事）に便利	8	9*	1	10*
③子どもの通学に便利	1	2	0	1
④梅田または難波に近い	3	15*	0	20*
⑤分譲（賃貸）価格が適当	1	10	0	9
⑥資産価値がある	0	10	0	10
⑦部屋の広さ・間取り	2	9*	0	12*
⑧部屋からの眺望	1	23	0	7
⑨駐車場が敷地内にある	0	4*	0	7*
⑩セキュリティ・管理がよい	2	19	2	11
⑪買い物など生活の利便性	8	15*	4	20*
⑫新築マンションであった	3	18*	1	16*
⑬前の住居と近い	3	5	0	6
⑭親・子ども・友人の住居に近い	3	6	4	5
⑮地域・町のイメージがよい	0	5	0	5
⑯マンションのグレードが高い	5	13	0	8
⑰その他	4	2	2	1
回 答 世 帯 数	50	50	25	25

出典：アンケート調査により作成.
（注1）＊は大阪市都心地区と北摂地域との間に有意差（5％水準）があることを示す.
（注2）「主要理由」は表中に記載の17の購入理由のなかから2つ以内の複数回答であり，「該当する理由」は該当する理由をいくつでも選択する回答方式である.

特徴（セールスポイント）である「部屋からの眺望がよい」（9.6％），「マンションのグレードが高い」（9.6％）などを理由とする世帯数もかなり多い．これは調査したマンションのAとBの世帯が多い（表4-7参照）.

北摂地域のマンションでは，「交通の便がよい」（51.8％）と「買い物など生活の利便性」（13.3％）をあげた世帯の割合が都心地区マンションよりも多く，これと逆に「通勤（仕事）に便利」「部屋からの眺望がよい」「マンションのグレードが高い」の3つの割合が低い（表5-9参照）．以上のことから，北摂マンションの場合は，その立地に関する評価の高いことが重要なマンション購入の理由であり，マンション自体のもつ特性に関することは大阪市都心地区と異なり重要な購入理由でないことが明らかである.

前一戸建て世帯のマンション購入の理由（表6-3）：都心地区マンションの前一戸建て世帯の主要な購入理由と，全回答世帯との有意な差は認められない．すなわち，最多の理由は「交通の便がよい」の38.0％である．これに次いで「通勤

（仕事）に便利」（16.0％）と「買い物など生活の利便性」（14.0％）の割合が高い。北摂のマンションの場合，最多の理由が「交通の便がよい」は全回答世帯と前一戸建て世帯ともに同じである。ところが，全回答世帯の集計結果では，「通勤（仕事）に便利」が12.8％と第3位の理由であるのに対して，前一戸建て世帯では4.0％と低い。これは前一戸建て世帯の場合，退職し通勤していない世帯主が多いからである。なお，表6-3に示したように都心地区と北摂地域の主要理由についての有意な差は認められない。

　該当する理由についてみると，北摂地域の前一戸建て世帯の場合「交通の便がよい」「梅田または難波に近い」「買い物など生活の利便性」の3つの理由は，全回答世帯の場合と同様にその割合が多いことが認められた。このことから，一戸建て住宅に居住していた高齢者世帯またはそれに近い年齢の世帯は，将来の生活を想定し，「交通の便がよい」などの上記の3つの利便性を重視して北摂地域のマンションを選好したと考えてよい。

（3）近隣地区の生活環境についての不満・問題点

　都心地区マンションで最多の世帯があげた主要な不満・問題点は「騒音や大気汚染」（48.3％）である[7]。これに次いで多く指摘された問題点は「日常的な買い物の便」（23.6％）であり，次いで「近隣地区の防犯・治安面」（9.2％）である（表4-9参照）。詳細にみると，4つのマンションによって上記の3つの問題点の順位が異なる[8]。

　北摂地域のマンションで最多の問題点は，都心地区と同様に「騒音や大気汚染」（20.6％）である。しかし，都心地区と異なることは，これ以外の他の問題点の割合は低い。とりわけ「日常的な買い物の便」（0.5％），「近隣地区の防犯・治安面」（2.3％）および「近隣の医療施設」（0.5％）をあげた世帯の割合はきわめて少ない（表5-13参照）。また，北摂地域のマンションでは主要な問題点をあげた世帯の割合が，都心地区マンションよりも少ない。したがって，北摂地域のほうが近隣地区の不満・問題が少ないことが明らかである。都心地区マンションおよび北摂地域のマンションの前一戸建て世帯のみについての結果も同様である。

（4）近隣地区の住環境や生活の利便性についての満足度

　都心地区マンションでは，「満足している」（25.2％）と「まあまあ満足している」（60.4％）をあわせた世帯数の割合は85.6％である（表4-11参照）。北摂地域のマ

126　第6章　大都市圏における新時代の居住地選好

表6-4　持ち家一戸建て住宅からマンションへ転居した世帯の環境評価と定住意識

		大阪市都心地区		北摂地域	
		世帯数	%	世帯数	%
近隣地区の環境評価	満足している	14	28.0	10	40.0
	まあまあ満足	33	66.0	15	60.0
	やや不満	2	4.0	0	0.0
	かなり不満	1	2.0	0	0.0
	計	50	100.0	25	100.0
定住意識	転居するつもりはない	28	56.0	19	76.0
	将来は転居するつもり	8	16.0	2	8.0
	現在転居を考えている	1	2.0	0	0.0
	わからない	13	26.0	4	16.0
	計	50	100.0	25	100.0

出典：アンケート調査により作成.

ンションの場合は，都心地区マンションとの有意な差として「満足している」世帯の割合（40.3%）が高く，「やや不満」（3.2%）と「かなり不満」（0.6%）の割合が低い（表5-15参照）。北摂地域の4つのマンション間の満足度についての有意な差はない。したがって，北摂地域のマンションのほうが都心地区マンションよりも「住環境・生活の利便性」の満足度は高いことが明らかである。

　都心地区マンションおよび北摂地域のマンションの前一戸建て世帯についての，この満足度の結果は全回答世帯との有意な差はない（表6-4）。つまり，前一戸建て世帯で現在のマンションの近隣地区の環境や生活の利便性についての不満をもつ世帯の割合は，全回答世帯と同程度なのである。

（5）定住意識について

　入居しているマンションからの転居の考慮の有無[9]から，定住意識を判断した。都心地区マンションの結果は，「転居するつもりはない」（49.1%）が約半数を占める。「将来は転居するつもり」の割合は22.1%であり，これと「現在，転居を考えている」世帯の割合をあわせると25.8%となる。一方，北摂地域のマンションでは「転居するつもりはない」世帯の割合が多く（61.8%），「将来は転居するつもり」（13.8%）と「現在転居を考えている」（0.9%）世帯の割合が低い。要するに，北摂地域のマンションのほうが，定住意識が高いことが明白である。前一戸建て世帯についてみると，都心地区マンションおよび北摂地域のマンションともに定住意識についての結果は，全回答世帯との有意差はない（表6-4）。

（6）転居志向世帯の転居理由

上記の (5) の定住意識についての選択肢が「将来は転居するつもり」と「現在転居を考えている」と回答した世帯には，転居予定の理由を自由回答形式で記入してもらった。記入されたさまざまな理由を「入居しているマンションの事情」「世帯の事情」「近隣地区の（生活環境の）事情」および「その他の事情」の4つに区分した。都心地区マンションの最多の理由はこの4区分の中の「近隣地区の（生活環境の）事情」であり，なかでも「道路の騒音や大気汚染」「スーパーマーケットが近くにない」などを挙げる世帯が多い。

北摂地域では転居理由として，上記の4区分の中の「世帯の事情」の割合が高く，「近隣地区の（生活環境の）事情」を理由とする世帯は少ない。具体的には「世帯の事情」に区分されるライフステージの変化（退職，子どもの独立，出産など）をあげる世帯が多い。これに対して大阪市都心地区マンションでは上記のように，近隣地区の環境を理由とする世帯が相対的に多い。これらのことから，両地域の転居志向世帯の転居理由の差異に最も影響していることは，上述の「(4) 近隣地区の住環境・生活の利便性の満足度」の違いであることがわかる。

4) 要　　約

上述の 2) と 3) の内容は次の3つに要約できる。

(1)　2つの地域の前一戸建世帯の属性を全回答世帯のそれと比較して異なることは，前一戸建て世帯の世帯主の年代は50歳代以上が多いこと，世帯類型は夫婦2人世帯が多いことである。したがって，前一戸建て世帯の世帯主の多くは，60歳の定年退職が近いか退職した人であり，世帯類型は子どもと同居していない「夫婦2人世帯」が多い。これらの事から前一戸建て世帯は，子どもの独立で空き部屋が生じたり，住宅が老朽化したことを理由やきっかけとして，持ち家一戸建てを売却してマンションへ転居した高齢者世帯が多いといえる。

前一戸建て世帯の調査項目の回答の内容は，全回答世帯のそれと有意な差はほとんど認められない。ただ1つ異なることは，北摂地域のマンション購入理由として，前一戸建て世帯では「通勤に便利」という理由をあげる世帯はわずかである。これは前一戸建て世帯の世帯主は退職して無職の世帯主が多いからである。

(2)　北摂地域のマンションは大阪市都心地区マンションよりも「近隣地区の住環境・生活の利便性」が良好であるために，これについての満足度が高く，また

128　第6章　大都市圏における新時代の居住地選好

表 6-5　都心地区と郊外都市の新規分譲マンションの入居者の差異

		都心地区マンション	郊外都市マンション
前住地の地域範囲		広域	狭域
購入の主要理由	第1位	交通の便がよい	交通の便がよい
	第2位	通勤（仕事）に便利	買い物など生活の利便性
	第3位	マンション自体の魅力（眺望など）	通勤（仕事）に便利
近隣地区の第一の問題点		騒音・大気汚染	騒音・大気汚染
近隣地区の問題点をあげる世帯数		多い	少ない
転居の予定世帯数		少なくない	少ない
転居予定のおもな理由		近隣地区の環境	ライフステージの変化

出典：アンケート調査に基づいて作成．

これに関する不満・問題点をあげた世帯も少ない。このことが北摂地域のマンションの定住意識の高さに大きく影響している。

（3）2つの地域の新規分譲マンションの入居世帯の主要な差異[10]は，表 6-5 のようにまとめることができる。表 6-5 のなかの多くの差異は，本書で調査対象とした大阪市都心地区および北摂地域の都市以外の，他の大都市の都心地区マンションおよび郊外都市のマンションの場合にも該当すると考えられる。しかし，個別のマンションのグレードと立地場所によって表 6-5 とは異なる事例もあると考えてよい。

第2節　大都市圏における新時代の居住地選好−世帯類型別の考察−

1）居住地選好を考える際の前提条件と世帯の類型

　本節では既述の結果および従来の諸研究[11]を参考して，21 世紀前半における大都市圏における居住地選好についての考察を世帯類型別に行う。この居住地選好の考察に際しての主要な前提条件は次のとおりである。

（1）居住地選好を考える際の前提条件

　日本の社会・経済的な重要な条件として，次の2つを前提とする。①少子高齢化と人口減少。②低い経済成長率。これら2つを前提条件としてみると，例えば大阪大都市圏レベルの大都市圏では圏外からの流入人口は少なく，大都市圏内の人口と世帯数は停滞傾向または減少すると予測できる。検討する対象の大都市圏の人口規模は大阪大都市圏程度であるが，具体的な大都市圏を対象として検討す

るわけではない。

　本章で検討する大都市圏における「居住地選好」とは，大都市圏内で居住地を移動する場合，転居先地域や転居先住宅に関するさまざまな事項や条件を，いくつかの選好の観点から検討して，居住地を決定する経緯と結果である。したがって，大都市圏外から就業などで圏内へ転入する世帯が居住地を選択するような事例は考慮しない。また，住宅を購入する場合と借りる場合では，重視する事項や選好の観点が根本的に異なることもあるので，ここでは購入する場合のみを前提としている。ただし，前住居の所有関係は問わない。すなわち，買い替えによる住み替えだけでなく，賃貸住宅や給与住宅などからの住宅を購入しての転居の場合を含む。

　大都市圏内での居住地移動の理由はきわめて多様である。これらの理由やきっかけを既述の本章第2節3）〜6）を参考にすると，次の3つに大別できる。①「住宅の老朽化」「バリアフリーでないから住みにくい」「庭の手入れや世話がたいへんである」などの「居住している住居の事情」。②「子どもの誕生，成長や独立」「配偶者との死別・離別」などの「世帯の事情」。③「騒音や大気汚染」「日常的な買い物が不便」などの「近隣地区の（生活環境の）事情」。

　上記のような理由やきっかけで居住地移動する場合が，本章で検討する対象である。

（2）世帯の類型

　居住地選好は，世帯の属性により大きく異なると考えてよい。そこで世帯を表6-6に記載したように，単独世帯，夫婦2人世帯および核家族世帯の3つに区分した。ここでの核家族世帯は「夫婦2人と未婚の子どもを構成員とする世帯」である。さらに単独世帯と夫婦2人世帯は，60歳代以上の「高齢者世帯」と50歳代以下の「非高齢者世帯」に分けた。なお，60歳以上の高齢者は就業していないこと，および核家族世帯には高齢者は同居していないことを前提とする。

2）居住地選好の観点と選好する居住地・居住形態

（1）居住地選好の観点

　居住地を選好する際にさまざまな事項を考慮して決定する。このさまざまな事項はいくつかの観点から検討・考慮される。例えば，「交通の便」という事項は，

130 第6章 大都市圏における新時代の居住地選好

表6-6 世帯類型別の居住地・居住形態の選好の観点と選好居住地

選好の観点		就業関係 （通勤など）	家庭関係 （子育てなど）	消費・余暇関係 （買い物など）	地縁的・社会的 関係（社交など）	選好居住地
単独世帯	非高齢者世帯	◎	×	◎	△	A, (B)
	高齢者世帯	×	×	○	△	A, B
夫婦2人世帯	非高齢者世帯	◎	△	◎	△	A, B, (C)
	高齢者世帯	×	△	○	○	A, B, (C)
核家族世帯	非高齢者世帯	◎	◎	○	△	B, C

出典：著者作成.
（注1）核家族世帯は夫婦2人と未婚の子どもから構成される世帯である.
（注2）非高齢者世帯：50歳代以下の年齢の世帯，高齢者世帯：60歳代以上の年齢の世帯.
（注3）◎：重視する，○：考慮する，△：重視・考慮する世帯もある，×：考慮しない.
（注4）A：都心地区のマンション，B：郊外都市のマンション，C：郊外都市の戸建住宅.

通勤という観点から検討されたり，子どもの通学あるいは買い物へ行くための観点から検討される．これらの観点を表6-6に記載のように大きく4つに区分した．以下は4区分の内容についての概要である．

（ⅰ）就業関係：世帯員が就業している場合は，その就業先への通勤時間や通勤ルートの状況（例えば，住居と最寄り駅までの夜間の街路照明の状況）などを内容とする．既述のように60歳以上の高齢者は就業していないという前提で考える．

（ⅱ）家庭関係：家庭関係の観点とは，子どもの養育を念頭においた住宅の周辺環境（公園・緑地，交通事故の可能性など）のこと，通学している子どもの通学時間などのこと，および別居している親や子どもの住居との距離など家族や家庭に直接にかかわることを内容とする．

（ⅲ）消費・余暇関係：これは言い換えれば，生活の利便性に関する観点といえる．日常的買い物の利便性および娯楽やレジャーなど余暇活動に関する事項（例えば，図書館などの文化施設や福祉施設，飲食店，繁華街への近接性）をおもな内容としている．医療施設への近接性もここに含める．

（ⅳ）地縁的・社会的関係：地縁的関係とは，住み慣れた地域への愛着および近隣住民との付き合いを中心とする内容である．いわゆる地域イメージおよび地域ブランドに関することもここに含まれる．社会的関係とは，友人や趣味・親睦（交友）団体などの組織における直接的（対面的）な人的交流（社交）のしやすさを内容とする．すなわち，友人の住居や直接的に交流する場所（集会所，ホテル，飲食店など）との距離がおもな内容である．

第2節　大都市圏における新時代の居住地選好－世帯類型別の考察－　131

　居住地選好に際して考慮する事項のほとんどは，上記の4区分に含まれると考えられる[12]。しかし，重要な事項の1つである「住居の周辺環境」は含まれていない。その理由は，表6-6に示したように世帯類型別に「住居の周辺環境」をどの程度考慮するかについて決めることは困難だからである。なお，住居の防犯やセキュリティという事項は，住宅固有の問題であるといえるので，ここでの居住地選好の観点には入れてない。

(2) 居住地・居住形態の区分

　選好する居住地・居住形態の区分を表6-6に記載のように，「都心地区のマンション」「郊外都市のマンション」および「郊外都市の一戸建て住宅」の3つとした。居住地選好といいながら居住形態とセットで区分したのは，現実の居住地選好の実態を重視したためである。

　居住形態は，一戸建て住宅とマンションの二大区分である。都心地区の場合にはマンションのみを設定し，郊外都市の場合にはマンションと一戸建て住宅の2つに区分した。これは最近の両地域における現実の居住形態を重視した結果である。「郊外都市のマンション」と「郊外都市の一戸建て住宅」の場所の違いは，前者の場所は都心地区へ行く鉄道の最寄り駅が徒歩10分以内と近いが，後者は前者よりも最寄り駅から遠いので徒歩圏の外にある場所という前提である。

(3) 世帯類型と選好する居住地・居住形態（表6-6）

　世帯の類型別に，前記の4つの居住地選好の観点のなかで重視する観点が異なることを示したのが表6-6である。以下は，世帯の類型別にみた選好する居住地・居住形態の概要である。

［単独世帯］：都心地区で働く非高齢者単独世帯は都心地区マンションを選好する。郊外都市で働く非高齢者の場合は郊外都市のマンションを選択するであろう。就業しない高齢者も都心地区マンションを選好するか，または地縁的・社会的関係から郊外マンションを志向する場合もある。いずれにしても，単独世帯はマンションという居住形態への選好が強い[13]。

［夫婦2人世帯］：非高齢者世帯が都心地区で就業する場合は，基本的に都心地区マンションを選好する。郊外都市で就業する場合は郊外都市マンションを選好するが，郊外都市の一戸建て住宅を選択する世帯もあると考えられる。高齢者の夫婦2人世帯も，都心地区マンションか郊外都市マンションのどちらかを選好し，

郊外都市の一戸建て住宅を選ぶ世帯はわずかであろう。

［核家族世帯］：都心地区で従業する世帯でも，従来のように家庭関係から郊外都市を選好することが多いであろう。郊外都市のマンションか一戸建て住宅の選択は，世帯によって重視する観点が違うことおよび世帯の収入から決まるであろう。郊外都市を勤務地とする場合も郊外都市の居住を選好するから，新時代には核家族世帯はより一層郊外都市における中心的な世帯となると考えられる。

第3節　本章の要約

　20世紀後半は，表6-6の中の居住地選好の観点のなかの「家庭関係」が重視されたが，21世紀前半の新時代はこの重視はやや低下し，「消費・余暇関係」と「地縁的・社会的関係」が従来よりも重視されると考えられる。20世紀後半において，核家族世帯の場合には「家庭関係」を重視して，郊外都市の一戸建て住宅が選好された結果，中心都市のマンションから郊外の一戸建て住宅への転居が主流であったといえる。しかし少子・高齢化時代の21世紀の新時代には，郊外都市の一戸建て住宅に住む単独高齢者世帯や高齢な夫婦2人世帯が都心地区のマンションへ転居する流れも大きくなると考えてよい。

　20世紀後半においては，大都市圏における住宅双六の上がり（これを「終の棲家」といってもよい）は，郊外都市の一戸建て住宅であった。ところが，これが上がりではなく，最後の上がりとして都心地区マンションと郊外都市の2種のマンションが選択枝として登場したといえる。

　少子化と非婚化そして老人介護の社会化が進む新時代においては，大都市圏における勤労者世帯のライフステージの最後の多くは子ども世帯と同居する2世代同居世帯ではなく，高齢者の単独世帯か夫婦2人世帯となる。これらの世帯では郊外の老朽化した持ち家一戸建て住宅ではなく，生活の利便性が高く，また住居の管理がしやすい大都市都心地区や郊外都市のマンション居住を選好するであろう。

　なかでも第3章で論じたように，大都市都心地区のマンションの選択枝としての比重は大きい。それを証明するのは既述のように，都心地区マンションに転居した世帯の中には，郊外都市の持ち家一戸建て住宅から転居した世帯も少なくないということである。

大都市圏内の居住地に関しても，利便性が高い所は生活環境が悪く，逆に生活環境がよい所は利便性が低いというトレードオフの関係が一般にみられる。前者の典型が大都市の都心地区であり，後者の代表が郊外住宅地である。こうした関係のなかで，大都市への近接性が高く成熟した郊外都市の中心市街地（都心地区）は，利便性と生活環境のよさをともに程よく得られる場所，言い換えれば大都市の便利さと郊外のやすらぎの両方を得られる場所として位置づけられよう。

高度経済成長期に地方圏から大都市圏へ転入してそのまま定住した団塊世代の子どもたちの多くは，大都市圏とくにその郊外は生まれ育ったふるさとであり，成人後も郊外に居住する人も多い。そうした人たちは第5章で述べたように住み慣れた場所や親が住んでいる土地を離れたくないという郊外における「地縁的住宅需要」の中核的な存在である。

グレードが高い超高層の大都市都心地区マンションは，眺望やセキュリティのよさ，使いやすい仕様など住居それ自体の魅力があるために選好されることも少なくない。また女性単独世帯の場合には，マンションのセキュリティのよさや立地が居住地選好の決め手となることも多い。このようにマンションという居住形態の普及と選好は，長期的にみればマンションの老朽化に伴って社会的・地域的問題となる可能性を内包しながらも，新時代においては従来以上に大都市圏における居住地選好にこれまで以上に大きな影響を及ぼす。

（注）

(1) 不動産経済研究所の資料による．

(2) 本稿における前居住形態が「持ち家一戸建て」の世帯に関するデータおよびデータに基づいた分析や考察は未公表である．

(3) 前居住形態が「持ち家一戸建て」の世帯全部を抽出するのではなく，このうち「前住居が自己所有の場合の前住居の状況」の設問で「自宅として家族の誰かが住んでいる」と回答した世帯を除いた．この理由は，マンション購入理由や定住意識など家族全員の意識を把握するためには，挙家（家族全員が）転居した世帯のみを抽出したほうがよいと考えたからである．

(4) 本章において，「違いが認められる」「有意な差が認められる」などの判断は，統計的な検定結果に基づいている．検定は比率の差の検定（両側検定）による．検定の際の有意水準はすべて 0.05 である．

134　第 6 章　大都市圏における新時代の居住地選好

(5) 全回答世帯数に占める都心地区と北摂地域の単独世帯の割合は，それぞれ 31.5%，12.8%，夫婦 2 人と子ども世帯の割合は 21.9%，45.0%である．

(6) 「主要理由」は表 6-3 に記載の 17 の購入理由のなかから 2 つ以内の複数回答であり，「該当する理由」は該当する理由をいくつでも選択する回答方式である．

(7) とくにマンション A（表 4-1 参照）では，阪神高速道路に近いため「騒音や大気汚染」が問題とする世帯が 62.3%と多い．都心地区でのこれの最小の割合はマンション B の 30.7%である．郊外都市の最多はマンション 3（表 6-3 参照）の 48.1%であり，他の 3 つのマンションは 25.0%，9.9%，7.9%である．マンション 3 は阪急電鉄京都線と国道 171 号線に囲まれた場所に立地していることから，「騒音や大気汚染」が問題とする回答世帯が多いといえる．

(8) マンション A，C・D（表 4-1 参照）では，「騒音や大気汚染」が第 1 位の問題点であるが，マンション B では「日常的な買い物の便」が第 1 位である．またマンション C・D では第 2 位が「近隣地区の防犯・治安面」である．

(9) 定住意識の設問形式は「現在のマンションから転居するお考えについて」という設問に次の 4 つの選択肢から回答する形式である．①転居するつもりはない，②将来は転居するつもり，③現在，転居を考えている，④わからない．

(10) 本文では述べなかった両地域の差異として，北摂地域では自己所有していた自宅を売却して現在のマンションを購入した世帯が比較的多く（64.1%），都心地区マンションでは，これに該当する世帯は比較的少ない（40.3%）という違いがある．後者の場合は，前の自己所有していた自宅を売却せずに新たなマンションを購入した資金的に余裕のある世帯が多いと考えられる．このように前住居が持ち家であった世帯のなかで，北摂地域では約 3 分の 1 の世帯，都心地区では約 60%の世帯が，大都市圏内で複数の住宅を保有していることが注目される．

(11) 大塚（2005），香川（2005），久保（2008），中澤・佐藤・川口（2008），油井（2000）など．

(12) 住宅それ自体の事項（住宅の価格，広さ，間取りなど）はここでは考慮しない．

(13) カナダではマンションが高齢者や若年世帯に選択される傾向があり，この要因としてマンションのアフォーダビリティやセキュリティが高く評価されていることがあげられている（久保，2008：45）．

終　章

は じ め に

　本章の第1節では,本書の第1部(第1章～第3章)と第2部(第4章～第6章)で述べたことの要点を整理するとともに,都心地区においてワンルーム・マンションが多い理由など,各章では言及できなかったことについても述べる。第2節においては,大都市都心地区におけるマンション立地の将来について,マンション居住の需要とマンション供給の両面から検討し,次に都心地区における望ましいマンションおよびそのマンション立地の社会的・地域的影響について考える。

第1節　本書の第1部と第2部の要約

1)　第1部の要約

　日本の大都市都心地区においては高度経済成長期以降,1990年代初頭のバブル経済の崩壊までの約40年の間,業務機能の集積が進行し,住居機能は大幅に減少した。

　第1章では,東京,大阪,名古屋の3大都市の都心区における1970～95年の期間について上述のことを実証的に検証する目的で,従業地による職業別就業者数の変化と建物用途別の床面積の変化から上記のことを調べた。この結果,とりわけ都心区における1990年代前半の事務所床面積の増加量が著しいこと,これに対して,住宅床面積の増加量は東京と大阪の都心区ではきわめて少なくなったことが明らかになった。

　経済成長は大都市都心地区における事務所と商業・サービス業施設の立地増加をもたらした。この立地増加や都心地区における環境悪化(大気汚染と騒音)によって同地区から転出した住民も多く,都心地区における人口の空洞化が進展した。この空洞化には都心地区における既存住居を政策的に保護する都市計画(用

途地域制度）がなかったことも影響している。

　第2章においては，日本の6大都市（東京，大阪，名古屋，京都，札幌，福岡）の中心（行政）区における人口動向を分析した結果，下記のことが明らかになった。

　これら中心区では1960〜95年まで人口減少が続いたが，その後の1995〜2010年まで人口が増加し続けた。これを人口の再集中化（都心回帰）という。この人口増加の内訳（自然増加または社会増加）について詳細に分析した結果，この増加のほとんどは自然増加ではなく社会増加であり，さらにこの社会増加は，中心区への転入者の増加の寄与が大きく，中心区から他地域への転出者の減少による寄与は小さいことが判明した。

　また，1995年から1998年の4年間の間に，6大都市のすべての中心区において人口の社会動態が減少から増加へと大転換したという共通性が認められた。転入者数の増加は，バブル経済崩壊後の1992年からの地価の大幅な下落と経済の低成長に伴う諸条件の変化によって中心区においてマンション用地が大量に供給され，そこに1995年頃以降にマンションが立地したことによると考えてよい。この転換した年以後2010年まで，6大都市のすべての中心区において人口の社会増加は継続的に続いていることも明らかになった。

　これに対して，上記の中心区の従業地就業者数は1995〜2010年まで減少を続けた。この減少と前述の人口の再集中化の結果，昼夜間人口比率は全部の中心区で低下した。このことから，1950年代から90年代半ばまで約45年間続いた中心区における居住機能の低下と業務機能の上昇は，1995年以降に逆転して居住機能の上昇と業務機能の低下が続いている。これが20世紀後半以後21世紀初頭までの間の都心地区における機能的変容の最大の転換である。

　上述の中心区における1990〜2010年の住民属性の大きな変化は，30歳代の年齢層が最多となったこと，東京都中央区を除く5つの大都市中心区では単独世帯の増加が多く総世帯数の過半以上を占めるに至ったことである。

　この単独世帯の増加は，新規に立地したマンションの間取りが単身者用が多いことによる。都心地区において単身者用のマンション（以下では，ワンルーム・マンションという）が多く建設される基本的なかつ大きな理由は，採算性と収益性の点で，核家族を中心としたファミリー世帯用のマンションより優位であるからといえる。

また，大都市都心地区に限定した場合，次の2つのことも理由として指摘できる。1つは，ワンルーム・マンションは敷地面積が比較的狭くても建設がしやすいことである。もう1つは，就業する非高齢単身者を入居対象とするワンルーム・マンションの場合は，ファミリー世帯用のマンションよりも立地の自由度が高いことである。具体的にいえば，立地する場所の周辺の道路の騒音・大気汚染などの状況，公園・緑地，医療施設，学校などの周辺環境をあまり考慮しないでよいという点で，立地の自由度が高いといえる。ワンルーム・マンションは分譲用ではなく賃貸用が多いことも，この自由度を高くする要因といえよう。賃貸用が多い大きな理由は，単身者は比較的短期間での転出が多いからである。

　このようなことから，都心地区でのワンルーム・マンションの供給は多くなる。ファミリー世帯では都心地区といえども，居住地選択に際して，同居する子どもの養育環境の観点も加わって前記の周辺環境も重視するので，供給側もこのことを考慮するためにファミリー世帯用のマンションの立地の自由度は低くなり，それゆえ供給量は相対的に少ないといえる。

　第3章では，東京と大阪市の都心地区におけるマンション立地の推移と新設マンションの住民属性などを調べ，次に上記の人口再集中化の最大要因といえる1990年代後半以降の都心地区におけるマンション立地の急増の理由・要因を考察した。この理由・要因は日本の社会情勢の変化と経済情勢の変化および法律などの制度的要因の3つに分けることができる。これらとマンション立地急増との関連については図3-2に示したとおりである。この図が，本書の研究目的の1つである「大都市都心地区におけるマンション立地の急増」についての諸要因とメカニズムを示した図である。

　図3-2（本書62ページ）で示した諸要因とメカニズムは次のように概括できる。1991年のバブル経済崩壊後の経済の不況・低成長（デフレ経済）などの経済情勢の大きな変化と少子高齢化などの日本社会の変化によって，大都市都心地区におけるオフィス機能などの業務機能の新規の集積が減速ないし停滞し，また大都市圏の空間的拡大が停止した。そのなかで，さまざまな社会的要因による都心地区居住の需要増大を背景にして，金融緩和政策とマンション建設に関する規制緩和が促進要因として作用して，1992年以降に大幅に地価が下落した大都市都心地区において1990年代半ば以降にマンション立地が急増したのである。とりわ

け 1990 年代半ばから 2000 年初頭において制定されたいくつかの政策：高層住居誘導地区制度の導入（1997 年），特例容積率適用制度の制定（2000 年），および都市再生特別措置法の施行（2002 年）など（付表を参照）が，東京都心地区を中心とした大都市における再開発による大規模高層マンションの立地増加に大きく寄与した。

上記のことから，日本の第二次世界大戦後の大都市都心地区における機能的な変容は，① 20 世紀後半は住居機能の急減と業務機能の強化・集積の第 1 段階，② 1990 年代後半から 2010 年代までは，居住機能の回復と業務機能の停滞の第 2 段階の 2 つに大きく分けることができる。

この第 1 段階から第 2 段階への移行，すなわち「20 世紀後半以後 21 世紀初頭までの間の都心地区における機能的変容の最大の転換」を直接的にもたらしたのは，第 3 章で述べたように都心地区における大量のマンション立地である。このマンション立地によって人口回復が進み，さらに同地区における高級な住戸が多いタワーマンションの立地によって富裕層や上位の社会階層の住民の都心地区居住が進展したのである。とくに東京においてこうした進展の程度は大きい。

2）第 2 部の要約

第 2 部の第 4 章においては，大阪市の都心地区に立地する新規分譲マンションの居住者へのアンケート調査の結果から，次のことが明らかになった。居住者の前居住地は大阪市以外が半数であり広域的である。都心地区のマンション住戸を購入したおもな理由は，第 3 章で述べた都心地区の居住地としての魅力・利点である「雇用の集積，公共交通の整備および中心機能の集積」に関する事項であることがわかった。

居住の満足度についてみると，マンションの近隣地区の「騒音や大気汚染」や「日常的な買い物の便」などに不満をもつ世帯はかなり多く，定住意識が低い世帯もかなり多かった。したがって，都心地区居住者の定住を図るには，近隣地区の「騒音・大気汚染」や「日常的な買い物の便」などにかかわる環境整備が最も重要であるといえる。ただし，「近隣地区の住環境・生活の利便性」について不満をもつ世帯の割合のマンションの立地場所による差が，統計的に有意であることも明らかである。

第2節　大都市都心地区における新時代のマンション立地　139

　第5章では，大阪府北部（北摂）地域の新規分譲マンションの居住者を対象とするアンケート調査の結果を分析して次のことがわかった。居住者の前居住地は北摂地域が74％を占めていることからもわかるように狭域的であり，後述のように「地縁的な住宅需要」者が多い。

　当地域のマンション居住者の居住満足度についてみると，第4章で述べた大阪市都心地区マンションよりも「近隣地区の住環境・生活の利便性」が良好であり，これに関する問題点をあげた世帯は少なく，満足度は高い。このことが当該マンション居住者の定住意識の高さおよび転居志向率の低さに大きく影響している。

　第6章では，少子高齢化と経済低成長を前提条件とする場合の日本の大都市圏における居住地選好について世帯の類型別に考察した。20世紀後半において大都市圏における住宅双六の上がり（これを「終の棲家」といってもよい）は，郊外都市の一戸建て住宅であった。ところが，これが上がりではなく，最後の上がりとして大都市都心地区マンションと郊外都市のマンションという2種のマンションが選択枝として登場した。なかでも第3章で論じたように，都心地区のマンションの選択枝としての比重は大きい。それを証明する1つの資料は第4章で述べたように，都心地区マンションに転居した世帯の中には，郊外の持ち家一戸建て住宅から転居した世帯もかなり多いことである。また，前の持ち家住居を売却せずに保持しながら都心地区マンションを購入した世帯も全体の約2割を占めていることも判明した。

　また第4章においては，大阪市都心地区の高級分譲タワーマンションの場合，その購入者の主要な購入理由として「眺望がよい」「マンションのグレードが高い」などの「都心地区の新規高級タワーマンション」というマンション自体の特性をあげた割合が高いことが明らかになった。これはマンション供給業者の販売戦略が需要者に受け入れられた結果といえる。このような「都心地区の新規高級タワーマンション」の入居者の多くは富裕層であり，このなかには大都市圏内で複数の住宅を所有する世帯も相当数存在するであろう。こうした富裕者層が都心地区におけるジェントリフィケーション現象の中心的な世帯であり，とりわけ東京の都心地区に多い。都心地区（とくに東京）の地価はきわめて高いということから，建物，間取り，および内装などのグレードが高く，したがって住戸の販売価格も高いマンションが多くなる。

140　終　　章

　上記のことから，富裕層を主要なターゲットとして，利便性の高い都心地区において高額な分譲価格の高級タワーマンションという新たな需要（投資用の不動産という需要を含めて）を供給企業が創出したともいえる。

　第5章で述べたように，郊外都市の中心市街地（都心地区）は，利便性と生活環境のよさをともに程よく得られる場所，言い換えれば大都市の便利さと郊外のやすらぎの両方を得られる場所である。大都市圏の郊外地域には高度経済成長期以降に大都市圏外から転入した世代層とその子ども世代層が多く居住し，「住み慣れた場所」や親が住んでいる土地を離れたくないという「地縁的住宅需要」の量も多い。このなかのかなり多くは上記の郊外都市の中心市街地（都心地区）のマンション居住を志向するであろう。

　上述のことから，今後は中心都市の高層マンションとともに郊外都市の都心地区マンションの都市圏における居住地選好に占める比重が大きくなると考えられる。

第2節 大都市都心地区における新時代のマンション立地

1）大都市都心地区におけるマンションの需要と供給

　既述のような大都市都心地区における人口の再集中化は将来（本書の刊行年である2015年以降）も持続するのであろうか。これは都心地区における新規のマンション立地によって大きく左右される。本章のおわりに，将来も大量のマンション立地が続くか否かについて，当該マンションの需要と供給の2つの面から考える。なお，以下では2015年以降の数十年間（2050年頃まで）を「新時代」と略称する。本章で用いる「新時代」と，第6章で用いた「新時代」とは，前提条件として日本の人口減少，経済の低成長，少子高齢化などの基本的な社会・経済的情勢は同じである。

（1）マンションの需要について

　都心地区のマンションの需要者は新時代にも多数存在するかについては，次のように考えられる。第3章第4節で述べたような，都心地区に居住することのさまざまな利便さは新時代においても変わらないまたは低減することはないので，将来の少子高齢化による人口減少と世帯数の絶対的減少の影響はある程度は考えられるが，当地区への住宅需要はなお多く見込まれる。

第 2 節　大都市都心地区における新時代のマンション立地　141

　上記の住宅需要をもたらす都心地区の利便性の 1 つである「雇用への近接」は，新時代においては一層その評価を高めることが想定される。それは，日本の人口減少が続き労働力もまた減少すると，大都市圏における多くの事業所の雇用の確保が困難になり，その確保のために通勤の利便性の高い都心地区への立地も進行するであろう。このことが職住近接のための都心地区居住の需要増加をもたらす。

　新時代の大都市圏において雇用が多いまたは雇用増加が多い産業・業種は，第 3 次産業に属す業種，なかでも IT 関連業種を中心とする多種のサービス業などであろう。これらの業種の多くは大都市圏のなかの郊外地域ではなく，大都市都心地区への立地指向が強いことから，上述に該当する事業所数も多いと考えてよい。

　新時代において大都市都心地区における居住の需要がとくに多くなると考えられるのは，次の 5 つの世帯類型である。①都心地区で働く未婚の男女の単独世帯，とりわけシングル中高年女性世帯，② DINKS 世帯，③ DEWKS（Double Employed With Kids：子どもがいる共働き）世帯，④高齢の（男女）単独世帯，⑤高齢者夫婦世帯。

　上記のなかの DEWKS（Double Employed With Kids：子どもがいる共働き）世帯の都心地区居住志向の要因として，他の世帯類型ではみられない子どもの保育施設への近接が重要である。川口（2013）が論じているように，新時代においては共働き世帯が増加し，その世帯では既婚女性の就業継続と育児支援が居住地選択に大きな要素を占めるようになる。この場合，就業先が大都市である場合は，保育施設が近くにある都心地区のマンション居住が選択される。北村（2010）は首都圏に居住する夫婦とも民間企業の正社員である DEWKS（子どもがいる共働き）世帯の居住地選択について，夫や妻の労働時間が長い世帯や妻の親が首都圏に居住していない世帯では，「妻の職場への近さ」や「子どもの保育所・学校への近さ」が重視されていることを明らかにしている[1]。

　ただし，大都市圏の郊外都市におけるマンション居住の需要も依然として大きい。それは第 5 章で分析したように，大阪の郊外都市に新規に立地した分譲マンションへ入居した世帯の前住地の多くはそのマンションに近い郊外地域であり，さらにこの世帯の90％は，入居前の居住地選択をする際に，大阪市や神戸市などの京阪神大都市圏の中心都市やその都心地区を選択することはまったく考慮しないで，住み慣れたなじみがある郊外都市のマンションを選択していることから

明らかである。このような居住地選択は高齢者世帯だけでなく，さまざまな年齢層の世帯で共通してみられた。

(2) マンションの供給について

次に供給面について検討する。はじめに新時代においてもマンション用地の供給があるかどうかについて考える。

都心地区の新規のマンション立地は，ほとんどの場合再開発または再再開発によるものである（第3章第1節）。すなわち，それまでは駐車場，一戸建て住宅，アパート，古いマンション，オフィスビル，雑居ビルに利用されていた土地である。都心地区におけるこれらの用途の土地は新時代においてもなお多いので，将来もマンション用地の供給は引き続き存在すると考えてよい。

もう1つの供給面から検討すべきことは，上記の用地が再開発されてマンションが建設されるかどうかについてである。再開発される場合，通常は土地利用の高度化が図られる。すなわち高層建築物が建設される。この高層建築物のおもな用途は，オフィスビル，商業ビル（ホテルを含む）および共同住宅（マンション）の3つである。オフィスビルや商業ビルも建設されるであろうが，経済の低成長と少子高齢化の一層の進展などによる社会・経済情勢を前提とすれば，オフィスビルと商業ビル（ホテルを含む）の供給は（東京以外の大都市においては）多くはないと想定される。したがって，マンション建設が多い状況は持続するであろう。

1990年代以降のさまざまな規制緩和政策が新時代においても継続されれば，それがマンションの供給に大きく寄与する。政府による景気対策としての市街地再開発などにおける多様な規制緩和策によってマンション建設もさらに進展し，日本銀行の金融緩和政策が続けばそれによって資金が潤沢になり，それがマンション用地の獲得や建設資金に流れるからである。

また，国の都市政策の1つである「コンパクトシティ」構想に関連する政策として国土交通省が検討している，郊外の老朽化した住宅団地を都心地区に移転させる政策 [2] が実現すれば，都心地区のマンション供給に寄与する。

上述のことから，都心地区におけるマンション立地は新時代においても持続すると考えられる。しかし，東京都江東区におけるようなマンションの立地規制制度 [3] が，都心地区において導入されればマンション立地は制限され，一時的にせよ供給量は少なくなる。

2) 望ましい都心地区マンションについて

(1) 多機能マンション

新時代に大都市都心地区において供給されるマンションの望ましい機能や住戸の仕様・間取りなどに関して，次の2つのことを指摘しておきたい。1つは数百戸以上の戸数の大規模なマンションの場合には多機能マンションが望ましいということである。第3章第2節で紹介したように，最近の大規模なタワーマンションにみられるように，マンションという住機能に「付加的な機能」を有するマンションを本書では「多機能マンション」と呼ぶ。

多機能マンションが併設する「付加的な機能」は大きく商業・サービス業部門とオフィス部門に分かれる。商業・サービス業部門の例として，小売店，医療施設や対個人サービス業などの各種サービス業，公立保育所などの公共施設などがあげられる。

都心地区における人口の再集中化による人口増加によるさまざまな行政サービスに対する需要のなかで，老人福祉や児童福祉などに関する行政サービス需要の増大に対して計画的に対応するためにも，大規模なマンション建設計画に際しては，周辺地域および大都市全体のこれらの既存施設の立地状況や立地計画の把握などを通じて，計画的なそして効率的な施設立地を図ることが望まれる。

このようにして計画された多機能マンションは究極のコンパクトシティといってよい。これら施設の計画的配置と建設のためには，個別の民間企業（開発業者）のみでなく，現在の都市再生機構のような公共的な組織が主導しての建設・供給をすることが望ましい。その際，とくに高齢化，子育て支援，フードデザートなど日本社会および大都市都心地区におけるさまざまな社会問題への対応を考慮することが望まれる。

また，佐藤（2014）が「今後の都心再開発は業務機能単独で展開していくのでなく，商業や宿泊，居住機能などを組み合わせた複合開発が主流になるであろう」と述べているように，大規模な都心地区再開発は多機能のマンションやさまざまな諸機能の同一地区立地である複合開発が考慮されるべきである。

新時代において需要が増加する住居の1つは，高齢者世帯を対象としたケア付マンションであり，このマンションの望ましい立地場所の1つは大都市都心地区

144 終 章

である。それは，ケア付きマンションといえども基本的なマンションの機能は
居住であるから，自家用車を利用しての外出が少なくなる高齢な居住者にとって，
公共交通が整備され，文化施設，娯楽施設，飲食店などさまざまな中心機能が集
積した都心地区に居住し，中心機能を容易に利用できるによってその生活が充実
する。また都心地区は入居者の親族などが訪問しやすいという利点もある。

(2) 住戸の多様性

　新時代に都心地区において供給される大規模なマンションについて，もう１つ
の考慮されるべきことは，「住戸の多様性」を図るということである。都心地区
に立地する大規模なマンションは，20世紀の郊外化の時代に郊外に建設された
千里ニュータウンや多摩ニュータウンのマンションと同じように画一的な間取り
の住戸で計画されるべきでない。換言すれば，前世紀半ばに建設された上記ニュー
タウンに建設されたマンション住戸は，子育て世代の核家族世帯のみを対象とし
ていたが，新時代の都心地区マンションはこれと異なり，住民の多様性を考慮し
た多様な住戸の供給を考えるべきであり，例えばワンルームのみの大規模なマン
ション建設は避けるべきである[4]。

　要約すれば，特定の社会階層（例えば富裕層）や世帯類型のみでなく中所得階
層，また幅広い年齢層や家族構成を対象とした多様な間取り，床面積，分譲（賃貸）
価格から構成されているマンションまたはマンション群の供給が望ましい。こう
したことによって，住民のソーシャル・ミックスを図ることが大事である。社会
階層の二極化が進展しつつある最近の状況を考えると，都心地区において中間所
得者層と低所得者層も居住できるマンション供給を国と地方自治体は政策として
取り上げるべきである。

　大都市都心地区における現在の道路，地下鉄などの公共交通，公園・歩道など
の公共スペース，さまざまな中心機能の集積などのいわば都心地区インフラスト
ラクチャーはその景観を含めて，長い歴史的な時間と莫大な公的資金と民間資本
を投じて形成されたその都市の大きな財産である。第3章で述べたように都心地
区居住の大きな利点・魅力である，①雇用の集積，②中心機能の集積，③公共交
通の整備はこの財産それ自体であり，またこれらが基盤として成立したものであ
る。後者の事例として，①雇用の集積（民間企業の集積）も上記の②と③がその
集積の基盤であることを指摘しておきたい。

これらの都心地区インフラストラクチャーは，全市民とその都市以外の多くの人々も利用する。これらの利用（とくに公園などの公共スペースの利用）が，新たな大規模なマンション建設によって，阻害または損なわれることがないような制度（都市計画）の必要性が生じる場合も考えられる。

3）都心地区におけるマンション立地の社会的・地域的影響

20階建て以上の高層マンションであるタワーマンションのなかで，数百戸の住民が生活する大規模マンションは，マンション内に併設された医療機関，小売店，福祉施設，飲食店などさまざまな中心機能とともに1つの町のような「地域社会」を形成するといえる。

20世紀の大都市圏における地域社会の多くは，一戸建て住宅を中心とする居住地域である「水平的な広がりがある街」であったが，新時代の大都市都心地区においてはこの水平的な地域社会の多くは崩壊または激減し，かわりに隣人関係が希薄なタワーマンションを典型とする「垂直的な縦方向の街（地域社会）」が多くなると想定できる。これらのマンションではその内部で組織されたマンション管理組合がマンション住民のコミュニティの中核となり，マンションの外の地域コミュニティとの関係はきわめて希薄となるが，これが新時代のコミュニティの主流となるであろう。

都心地区において立地したマンションの地域的影響として，次のことを指摘しておきたい。大都市圏の中心都市では，マンション立地がすすむと，その近隣地区の一戸建て住宅や低層共同住宅の日当たりが悪くなり，それが契機となって当該住宅の住民のなかにはそこから転出し，その住宅敷地跡にまたマンションが立地することも多い。なかにはこの住宅の所有者が住宅跡地にマンションを建てて，不動産収入を得ながらそこに居住するということも多くなるであろう。いずれにしてもとくに大都市の都心地区における高層マンションの立地は，ドミノ倒し的にその近隣地区に波及するという地域的影響がある。このようなマンション立地による負の地域的影響を小さくするような都市計画（地区制度）・都市政策が期待される。

146　終　　章

（注）

(1) 北村（2010）はさらに，保育施設などへのアクセスがよい地区や妻の職場に近い地域に居住することは，出産・子育てと仕事を両立するための対処戦略であり，その背景には正社員の働き方と企業の子育て支援制度の利用のしやすさをめぐる男女差があることを指摘している．

(2) 国土交通省は，老朽化が進み高齢化で空室が目立つ郊外の住宅団地を廃止しやすくして，街の中心部に住宅を集約できるようにするために，独立行政法人の都市再生機構（UR）が地域単位で団地を統廃合できるように法改正案を 2015 年の通常国会に提出する方針である．転居後の受け皿となる土地は，交通の便のよい場所を確保し，バリアフリー化された住宅を建てる．郊外に散らばる団地を商業施設や行政機関，医療・介護施設が集積する街の中心部に集めれば，買い物や通院で住民の利便性がます．

現行法では，団地の建て替えは建て替え前と同じ場所か隣接地に限られ，離れた飛び地にはできない．法改正により，域内にある複数の団地を統廃合の対象に加える「エリア再編」という手法を可能にする（2014 年 11 月 3 日の日本経済新聞朝刊の記事に基づく）．

(3) マンションの新規立地の急増による人口増加が続く自治体のなかには，マンション建設を抑制する自治体もある．例えば都心地区に近い東京都江東区では，マンション立地の急増による弊害として次の 2 つをあげて，マンション建設を規制する条例を制定している．1 つの弊害は，局地的な人口急増による小学校や保育所などの公共公益施設が不足する．もう 1 つの弊害は，これまでの下町社会のよさ（地域の連帯感）がマンションへの他地域からの流入者による近隣地区とのトラブルや町会への加入率の低下などによって喪失される．

江東区は，2002 年に住宅戸数 30 戸以上につき 1 戸あたり 125 万円の公共施設整備協力金を事業者に要請することとした．また，区立小学校への受け入れが困難な学区においてマンション建設を計画している事業者に対して建設の中止や延期の申し入れを行った．2004 年にマンションの建設計画を規制する条例を制定し施行した（2007年の東京都江東区の資料による）．

(4) 東京都中央区では 2008 年に，同区内のほぼ全域において住宅規模が 25m^2 未満のワンルーム・マンションの建設を禁止することを制定した（川崎，2009：47）．

付表　本書の内容に関係する社会・経済的事項と政策的事項の年表

西暦年	社会・経済的事項	政策的事項
1968	36 階建ての霞が関ビルが開業	新都市計画法制定
1969	東名高速道路の全線開通	都市再開発法制定
1970	大阪で日本万国博覧会が開催 東京都，光化学スモッグ注意報・警報発令開始	
1971		環境庁設置
1972	東京・神奈川・千葉の 1 都 2 県が東京湾は死の海との調査結果を発表	田中角栄通産相が日本列島改造論を発表
1973	1 人の女性の平均出産数は 2.14（以後，低下続く）	
1974	建設省，宅地が 3 年で 2 倍の高騰と発表	大気汚染防止法施行．国土庁設置
1975	山陽新幹線，岡山・博多間開業	
1978	自家乗用車の世帯普及率 50%超える	自動車排出ガス（窒素酸化物）の本格的規制
1980	日本車の生産台数が世界一となる	
1982	東北新幹線と上越新幹線の開業	
1985		東京都中央区が住宅附置制度を制定
1986	大都市圏を中心に地価の急騰始まる	男女雇用機会均等法施行．労働者派遣事業法施行
1987		リゾート法制定
1988		再開発地区計画制度が創設
1989	金融機関の土曜日の全休開始．日経平均株価史上最高値 38,915 円．合計特殊出生率，1.57.	国の行政機関の隔週土曜日の閉庁開始．ふるさと創生事業．土地基本法施行，投機的取引抑制を明示.
1990	地価高騰が全国に波及．国土庁，土地騰貴は法人の土地買いあさりにあると発表	住宅地高度利用地区制度制定
1990 〜 1991	東京都区部の公示地価のピーク	
1991	バブル景気の終焉	
1992	公示地価，17 年ぶりに下落（全国平均 4.6%下落）	都市計画法の改正（用途地域の細分化）．国家公務員週休 2 日制の実施．育児休業法施行
1993	GNP は対前年比，1974 年以来のマイナス成長	
1994		マンション建設の規制緩和策（建築基準法の改定）
1995	3 大都市圏の基準地価は 5 年連続下落	
1996		都心居住型総合設計制度制定
1997	共働き世帯数が専業主婦世帯数を上回る	高層住居誘導地区制度の導入
1999	1 人の女性の平均出産数は 1.38 と最低	日本銀行，景気テコ入れのための超金融緩和策（短期金融市場の金利をゼロに），改正男女雇用機会均等法（女性の深夜勤務解除など）施行
2000		介護保険制度始まる．特例容積率適用区域制度の制定
2002	年間の出生数 115 万人で最低を更新	都市再生特別措置法の施行．斜線制限の緩和
2003	非正規雇用（男女計）の割合が 30%超える（男：15.6%，女：50.6%）.	工業等制限法の廃止により東京都区部などにおける大学などの新増設が可能となる．少子化対策法施行．東京都中央区が住宅附置制度を廃止
2005	合計特殊出生率，過去最低の 1.26. 日本の人口，前年を下まわる（人口減少社会の始まり）	国土形成計画法の制定
2006	3 大都市圏の基準地価が 16 年ぶりに上昇	住生活基本法制定
2009	日経平均株価，バブル後最安値を更新．民主党へ政権交代	
2010	「一人暮らし」世帯数が「夫婦と子ども」世帯数を初めて上回る（国勢調査による）.	
2011	東日本大震災．九州新幹線全線開通	
2013	全国の空き家率 13.5%（820 万戸）と過去最高	
2014	15 歳未満の子ども数，1982 年以後 2014 年まで 33 年連続して減少.	改正都市再生特別措置法施行

出典：日本経済新聞，東京学芸大学日本史研究室編（2014），歴史学研究会編（2001）などにより著者作成.

あ と が き

　本書は，著者の既発表の6つの学術雑誌論文を部分的にあるいは大幅に加筆・削除し，若干の新稿を加えて構成したものである．本書の各章と旧稿との関係は以下のとおりである．

　第1章：3大都市圏の中心市内部における機能的変容．人文研究（大阪市立大学文学部紀要），48(3)，1996年．

　第2章：6大都市の都心区における人口の再集中化．都市地理学，8，2013年．

　第3章：大都市都心地区における最近の人口増加動向．人文研究（大阪市立大学大学院文学研究科紀要），55(3)，2004年．

　第4章：大阪市都心地区における新規マンション居住者の居住満足度と定住意識．人文研究（大阪市立大学大学院文学研究科紀要），56，2005年．

　第5章：大阪府北部地域における新規マンション居住者の居住満足度と定住意識－大阪市都心地区マンションとの比較－．人文研究（大阪市立大学大学院文学研究科紀要），58，2007年．

　第6章：大都市圏における新時代の居住地選好．大阪商業大学論集，151・152，2009年．

　終　章：新稿

［謝　辞］

　本書のもとになった上記の各論文を作成する過程で，通算9年間にわたって研究代表者または研究分担者として日本学術振興会の科学研究費補助金（基盤研究）を受けたことは，研究を遂行するうえで，大きな援助となった．

　これらの研究に際しての資料の収集および研究を継続するなかで種々お世話になった，成田孝三・京都大学名誉教授，阿部和俊・愛知教育大学名誉教授，藤井　正・鳥取大学教授，山田浩久・山形大学教授，川端健一氏（当時大阪市経済局）をはじめとする同学の諸先生や行政機関の方々に感謝いたします．

本書第4章と第5章で述べたマンション居住者へのアンケート調査において，回答を寄せられた計504世帯の居住者のみなさま，そしてこの調査の実施や調査表の集計などにおいて協力していただいた大阪市立大学文学部地理学教室の当時の学生・大学院生：岡野裕美，木村義成，坂井康広，熊谷美香，清水友香，および慶田奈央子のみなさまに改めてお礼申しあげます。

本書は，平成26年度の大阪商業大学出版助成費の交付をうけて刊行された。大阪商業大学の谷岡一郎学長，片山隆男副学長をはじめとする大阪商業大学の関係各位に感謝申しあげます。また，本書の出版にあたりお世話になった古今書院の橋本寿資社長および編集部の長田信男氏に謝意を表します。

2014年12月　名古屋市にて

富田和暁

参 考 文 献

鯵坂　学・徳田　剛（2011）：「都心回帰」時代のマンション住民と地域社会－大阪市
　　北区のマンション調査から－. 評論・社会科学（同志社大学社会学会），97，1-39.

鯵坂　学ほか（2013）：「都心回帰」時代の大都市都心地区におけるコミュニティとマン
　　ション住民：札幌市，福岡市，名古屋市の比較（上）. 評論・社会科学（同志社大
　　学社会学会），105，1-78.

阿部和俊（1991）：『日本の都市体系研究』地人書房，108-112.

荒井貴史（2007）：土地利用規制の経済学的考察. 尾道大学経済情報論集，7-1，133-
　　155.

荒井良雄（2005）：社会の二極化と消費の二極化. 経済地理学年報，51-1，3-16.

有末　賢（1999）：『現代大都市の重層的構造』ミネルヴァ書房.

五十嵐敬喜・小川明雄（2003）：『「都市再生」を問う』岩波書店.

石川雄一（1998）：雇用の郊外化と性別就業構造の変容－大阪都市圏における 1970 ～
　　90 年の動向－. 関西大学文学部地理学教室編：『地理学の諸相』大明堂，517-538.

石川雄一（2007）：人口の転換期における都市住民の居住特性に関する調査報告－佐世
　　保市における都心周辺マンション居住者と郊外ニュータウン居住者へのアンケート
　　調査結果－.『調査と研究』（長崎県立大学国際文化経済研究所），38-1，61-72.

石川雄一（2008）：『郊外からみた都市圏空間』海青社.

磯田則彦（2007）：21 世紀初頭における東京大都市圏への人口集中. 福岡大学人文論叢，
　　39-4，907-926.

伊藤修一（2003）：世帯の家族類型からみた東京圏内の居住分化の変化. 日本地理学会
　　発表要旨集，63，165.

稲垣　稜（2011）：『郊外世代と大都市圏』ナカニシヤ出版.

インターシティ研究会編（2002）：『都心居住　都市再生への魅力づくり』学芸出版社.

上杉昌也・浅見泰司（2011）：1990 年代後半以降の世帯収入階層による地域内居住分化
　　の検証－東京都大田区を事例として－. 地理学評論，84，345-357.

牛島千尋（1992）：東京の産業構造の再編成. 高橋勇悦編：『大都市社会のリストラクチャ
　　リング』日本評論社，39-60.

152　参考文献

牛島千尋（2005）：東京 60 km圏の都市サイクルと都心回帰．駒澤大學文学部研究紀要，63，1-22.

江崎雄治（2006）：『首都圏人口の将来像』専修大学出版局.

大阪市立大学経済研究所編（1990）：『世界の大都市 7　東京　大阪』東京大学出版会.

大塚俊幸（2004a）：マンション立地に伴う中心商業地縁辺部の再生過程－四日市市諏訪新道地区を事例として－．経済地理学年報，50，118-138.

大塚俊幸（2004b）：豊橋市中心市街地における高齢者の居住環境と定住要因．名古屋産業大学論集，4，71-81.

大塚俊幸（2005）：豊橋市中心市街地におけるマンション供給と居住地選好．地理学評論，78-4，202-227.

大塚俊幸（2007）：都市中心部における生活拠点の再生．林　上編：『現代都市地域の構造再編』原書房，195-227.

大塚俊幸（2014）：JR 勝川駅周辺におけるマンション居住世帯の特性と居住地選好－郊外鉄道駅を核とした市街地構造再編の観点から－．日本都市学会年報，47，159-168.

尾崎由利子（2003）：都心周辺部への定住：1990 年代の名古屋における人口変動と住宅再開発．日本地理学会発表要旨集，63，166.

海道清信（2001）：『コンパクトシティ－持続可能な社会の都市像を求めて』学芸出版社.

香川貴志（1989）：高層住宅居住者の属性に関する一考察－大阪市西区におけるケーススタディー．立命館地理学，1，111-120.

香川貴志（1993）：大阪 30km 圏における民間分譲中高層住宅の供給構造．地理学評論，66A，683-702.

香川貴志（2001）：三大都市圏における住宅・マンション供給．富田和暁・藤井　正編：『図説 大都市圏』古今書院，20-23.

香川貴志（2003a）：バブル期前後のマンション立地動向の都市圏比較．人文地理，54-4，81-82.

香川貴志（2003b）：統計で見る京都－人口の都心回帰－．統計，54-7，10-15.

香川貴志（2004a）：バブル期前後の京阪神大都市圏における分譲マンションの供給動向と価格推移．京都教育大学紀要，105，21-36.

香川貴志（2004b）：バブル期前後の東京大都市圏における分譲マンションの供給動向と価格推移．京都教育大学紀要，105，1-20.

香川貴志（2005）：岡山市の都心立地型超高層分譲マンションにみる居住者の諸属性と居住環境評価．日本都市学会年報，38，130-137.

香川貴志（2007）：札幌市中央区における分譲マンション供給の特徴－バブル期前後の
　　比較考察を中心として－．人文地理，59-1，57-72.

香川貴志（2014）：都市で暮らす象徴としての「都心居住」．地理，59-4，14-22.

加世田尚子・坪本裕之・若林芳樹（2004）：東京都江東区におけるバブル期以降のマンショ
　　ン急増の背景とその影響．総合都市研究，84，25-42．

加藤幸治（2011）：サービス消費機会の地域的格差．経済地理学年報，57-4，1-18.

神谷浩夫・影山穂波・木下禮子（1999）：東京大都市圏における独身女性の居住地選択
　　－定性的分析による考察－．金沢大学文学部地理学報告，9，17-32.

加茂利男（2005）：『世界都市－「都市再生」の時代の中で－』有斐閣.

川相典雄（2005）：大都市圏中心都市の人口移動と都心回帰．経営情報研究（摂南大学），
　　13-1，37-57.

川口太郎（1995）：東京大都市圏の地域構造変化と郊外の生活．高橋伸夫・谷内　達編：
　　『空間日本の三大都市圏』古今書院，73-92.

川口太郎（1997）：郊外世帯の居住移動に関する分析－埼玉県川越市における事例－.
　　地理学評論，70A，108-118.

川口太郎（2002）：大都市圏における世帯の住居移動．荒井良雄・川口太郎・井上　孝編：
　　『日本の人口移動－ライフコースと地域性－』古今書院，91-111.

川口太郎（2009）：住民と生活．菅野峰明・佐野　充・谷内　達編：『首都圏Ⅰ（日本の
　　地誌5）』朝倉書店，77-103.

川口太郎（2013）：大都市圏における少産少子時代の居住地選択に関する予察的考察.
　　日本地理学会発表要旨集，83，13.

川口太郎（2014）：郊外住宅地の変容．藤井　正・神谷浩夫編著：『よくわかる都市地理
　　学』ミネルヴァ書房，176-177.

川崎興太（2009）：『ローカルルールによる都市再生』鹿島出版会.

川島　崇，平居直樹，村橋正武（2005）：大都市都心部における人口回帰と転居意向を
　　考慮した居住環境整備に関する研究．都市計画論文集，40，781-786.

川瀬正樹（2006）：郊外住民の就業地選択と通勤行動の性差－千葉県北西部の事例を中
　　心として－．地理科学，61，187-199.

北原啓司（1998）：地方都市における都心居住の必要性と可能性．弘前大学教育学部紀要，
　　80，59-70.

北村安樹子（2010）：家族形成と居住選択－首都圏に居住するフルタイム共働世帯の居
　　住選択とその背景－．Life Design Report（Summer 2010.7），16-27.

木下禮子・中澤高志・神谷浩夫・矢野桂司（2002）：東京都心3区で働く女性の勤務と生活.

金沢大学文学部地理学報告，10，49-60.

木下禮子・中林一樹・玉川英則（1999）：東京圏における都市型職業に従事する中年シングル女性の居住地選択．都市計画論文集，34，733-738.

久木本美琴・小泉　諒（2013）：東京都心湾岸再開発地におけるホワイトカラー共働き世帯の保育サービス選択－江東区豊洲地区を事例として－．経済地理学年報，59，328-343.

久保倫子（2008）：水戸市中心部におけるマンション購入世帯の現住地選択に関する意思決定過程．地理学評論，81-2，45-59.

久保倫子（2010a）：幕張ベイタウンにおけるマンション購入世帯の現住地選択に関する意思決定過程．人文地理，62-1，1-19.

久保倫子（2010b）：マンションを扱った地理学的研究の動向と課題－日本での研究を中心に－．地理空間，3-1，43-56.

久保倫子（2013）：東京大都市圏における住宅取得行動の変化．日本地理学会発表要旨集，83，11.

久保倫子（2014a）：人口回帰とマンション開発．藤井　正・神谷浩夫編：『よくわかる都市地理学』，ミネルヴァ書房，164-166.

久保倫子（2014b）：東京湾岸地域のタワーマンションの隆盛と住民のくらし．地理，59-4，23-31.

久保倫子・由井義通（2011）：東京都心部におけるマンション供給の多様化－コンパクトマンションの供給戦略に着目して－．地理学評論，84，460-472.

久保倫子・由井義通・阪上弘彬（2014）：大都市圏郊外における空き家増加の実態とその対策．日本都市学会年報，47，183-190.

倉沢　進・浅川達人編（2004）：『新編　東京圏の社会地図 1975 － 90』東京大学出版会.

小泉　諒・西山弘泰・久保倫子・久木本美琴・川口太郎（2011）：東京都心湾岸部における住宅取得の新たな展開－江東区豊洲地区の中高層マンションを事例として－．地理学評論，84，592-609.

古賀慎二（1998）：オフィスの立地からみた三大都市圏の構造変容－事業所の形態からのアプローチ－．立命館文学，553，1047-1064,

古賀慎二（2007）：京都市におけるオフィスの立地変化に伴う業務地区の変容．地理学評論，80，138-151.

国土交通省編（2001a）：『平成 13 年版　首都圏白書』財務省印刷局.

国土交通省編（2001b）：『平成 13 年版　土地白書』財務省印刷局.

国土交通省編（2002）：『平成 14 年版　土地白書』財務省印刷局.

参 考 文 献　155

国土交通省編（2003a）:『平成 15 年版　国土交通白書』ぎょうせい.

国土交通省編（2003b）:『平成 15 年版　首都圏白書』国立印刷局.

国土交通省編（2003c）:『平成 15 年版　土地白書』国立印刷局.

国土交通省編（2005）:『平成 17 年版　首都圏白書』国立印刷局.

国土交通省編（2013a）:『国土交通白書　2013』日経印刷.

国土交通省編（2013b）:『平成 25 年版　土地白書』勝美印刷.

国土交通省編（2013c）:『平成 25 年版　首都圏白書』勝美印刷.

国土庁編（1996）:『平成 8 年版　首都圏白書』大蔵省印刷局.

国土庁編（2000a）:『国土レポート 2000』大蔵省印刷局.

国土庁編（2000b）:『平成 12 年版　首都圏白書』大蔵省印刷局.

国土庁編（2000c）:『平成 12 年版　土地白書』大蔵省印刷局.

小高　剛（1996）:都市計画－規制と参加－. 都市問題研究, 48-3, 18-31.

児玉　徹(1990):東京・大阪における住宅建設の動向と課題.大阪市立大学経済研究所編:
　　『世界の大都市 7　東京 大阪』東京大学出版会, 119-153.

小長谷一之（2002）:大都市圏立地構造の再編と 21 世紀京阪神都市圏の将来像. 大阪市
　　立大学経済研究所編:『大都市圏再編への構想』東京大学出版会, 29-51.

小長谷一之・富沢木実（1999）:『マルチメディア都市の戦略』東洋経済新報社.

小林重敬（1999）:中心市街地再生と都市居住. 都市住宅学, 25, 2-8.

小林崇人（2011）:新潟市中心部における分譲マンション供給と居住者特性. 駒澤地理,
　　47, 83-102.

榊原彰子・松岡恵悟・宮澤　仁（2003）:仙台市都心部における分譲マンション居住者
　　の特性と都心居住の志向性. 季刊地理学, 55-2, 87-106.

崎山耕作（1981）:都市化と大都市問題. 吉岡健次・崎山耕作編:『大都市の衰退と再生』
　　東京大学出版会, 3-28.

佐藤英人（2001）:東京大都市圏におけるオフィス立地の郊外化メカニズム－大宮ソニッ
　　クシティを事例として－. 人文地理, 53-4, 47-62.

佐藤英人（2014）:都心の変化. 藤井　正・神谷浩夫編著:『よくわかる都市地理学』ミ
　　ネルヴァ書房, 142-144.

佐藤京子・藍澤　宏（2003）:都心における住民の居住地選択と居住後評価に関する研究.
　　日本建築学会大会学術講梗概集, E-2 分冊, 281-282.

実　清隆（2007）:バブル崩壊後における地価下落と大都市での都心回帰現象に関する
　　研究－大阪都市圏の例－. 総合研究所所報（奈良大学総合研究所）, 15, 21-34.

実　清隆（2008）:『都市における地価と土地利用変動』古今書院.

住信基礎研究所編（1994）:『オフィス白書』ぎょうせい.

園部雅久（2001）:『現代大都市社会論』東信堂.

高木恒一（2008）: 東京都心の空間構造変動. グローバル都市研究（立教大学グローバル都市研究所）, 1, 39-55.

高木恒一（2012a）: 住宅政策と社会－空間構造. 藤井　正:「都市圏の構造変化メカニズムと多核的都市整備に関する学際的研究」（平成 21 ～ 23 年度科学研究費補助金研究成果報告書）, 69-81.

高木恒一（2012b）:『都市住宅政策と社会－東京圏を事例として－』立教大学出版会.

竹沢えり子（2013）:『銀座にはなぜ超高層ビルがないのか』平凡社.

武田祐子（2003）: 東京大都市圏における女性就業者の時空間制約. 日本地理学会発表要旨集, 64, 74.

田中恭子（2009）:『保育と女性就業の都市空間構造　スウェーデン, アメリカ, 日本の国際比較』時潮社.

田辺　裕編（1996）:『職業からみた人口』大蔵省印刷局.

谷　謙二（1997）: 大都市圏郊外住民の居住経歴に関する分析－高蔵寺ニュータウン戸建住宅居住者の事例－. 地理学評論, 70, 263-286.

谷　謙二（1998）: コーホート規模と女性就業から見た日本の大都市圏における通勤流動の変化. 人文地理, 50-3, 1-21.

谷　謙二（2002a）: 大都市圏郊外の形成と住民のライフコース. 荒井良雄・川口太郎・井上　孝編:『日本の人口移動－ライフコースと地域性－』古今書院, 71-99.

谷　謙二（2002b）: 東京大都市圏郊外居住者の結婚に伴う職住関係の変化. 地理学評論, 75-11, 623-643.

谷　謙二（2002c）: 1990 年代の東京大都市圏における通勤流動の変化に関するコーホート分析. 埼玉大学教育学部地理学研究報告, 22, 1-21.

谷　謙二（2007）: 人口移動と通勤流動から見た三大都市圏の変化－大正期から現在まで－. 日本都市社会学会年報, 25, 23-36.

谷　謙二（2012）:「三大都市圏における通勤行動とその変化」, 藤井　正:「都市圏の構造変化メカニズムと多核的都市整備に関する学際的研究」（平成 21 ～ 23 年度科学研究費補助金研究成果報告書）, 103-108.

谷　謙二（2014）: 通勤流動. 藤井　正・神谷浩夫編:『よくわかる都市地理学』ミネルヴァ書房, 110-111.

谷口　丞（1992）: 都心地域における業務機能の構成. 日本都市計画学会編:『東京大都市圏』彰国社, 59-81.

堤　純（2014）：シドニーにおけるジェントリフィケーション．日本地理学会発表要旨集，85，39.

坪本裕之（1996）：東京大都市圏におけるオフィス供給と業務地域の成長．人文地理，48-4，21-43.

東京学芸大学日本史研究室編（2014）：『日本史年表　増補5版』東京堂出版．

東京都企画審議室調査部編（1993）：『データファイル東京における事務所立地』東京都．

東京都企画審議室調査部編（1996）：『東京の土地　1995』東京都．

東京都江東区（2007）：『マンション急増対策の現状と課題』東京都江東区．

東京都住宅局総務部住宅政策室編（1992）：『東京都住宅白書　1992』東京都．

東京都住宅局総務部住宅政策室編（1996）：『平成7年度東京都住宅白書』東京都．

東京都都市計画局総合企画部編（1990）：『東京集中問題調査報告書』東京都．

東京都都市計画局総合企画部都市整備室編（1991a）：『東京都市白書　1991』東京都．

東京都都市計画局総合企画部都市整備室編（1991b）：『東京集中問題調査委員会報告』東京都．

東京都都市計画局総合計画部都市整備室編（1994）：『東京都市白書　1994』東京都．

東京都都市計画局総合計画部都市整備室編（1996）：『東京都市白書　1996』東京都．

東京都都市計画局総務部土地調整課編（2001）：『東京の土地2000（土地関係資料）』東京都．

東京都都市計画局総合計画部都市整備室編（2002）：『東京都市白書　2002』東京都．

東洋経済新報社（2001）：『地域経済総覧2002』東洋経済新報社．

東洋経済新報社（2002）：『地域経済総覧2003』東洋経済新報社．

東洋経済新報社（2007）：『地域経済総覧2008』東洋経済新報社．

東洋経済新報社（2011）：『地域経済総覧2012』東洋経済新報社．

徳田　剛・妻木進吾・鰺坂　学（2009）：大阪市における都心回帰．同志社大学評論・社会科学，88，1-43.

富田和暁（1984）：東京大都市圏における職業別就業者の空間的動向．横浜国立大学人文紀要第1類（哲学・社会科学），30，1-26.

富田和暁（1994a）：8大都市圏における第3次産業の空間的分布の変化－1975〜1991年－．横浜国立大学人文紀要第1類（哲学・社会科学），40，19-44.

富田和暁（1994b）：日本の三大都市圏における構造変容．高橋伸夫・谷内　達編：『日本の三大都市圏』古今書院，2-20.

富田和暁（1995）：『大都市圏の構造的変容』古今書院．

富田和暁（1996）：大都市圏の中心市内部における機能的変容．人文研究（大阪市立大学文学部紀要），48-3，1-33.

158　参　考　文　献

富田和暁（1999）：大都市圏と非大都市圏における男女別にみた産業別・職業別就業者の変動．人文研究（大阪市立大学文学部紀要），51-3，33-76.

富田和暁（2001）：三大都市圏における郊外化．富田和暁・藤井　正編：『図説　大都市圏』古今書院，9.

富田和暁（2002）：大都市圏における最近の変容に関する若干の考察．人文地理，54-3，107-108.

富田和暁（2003）：統計で見る大阪－人口の都心回帰を中心にして－．統計，54-7，16-20.

富田和暁（2004a）：大都市都心地区における最近の人口増加動向．人文研究（大阪市立大学大学院文学研究科紀要），55-3，113-140.

富田和暁（2004b）：三大都市圏における地域的変容．杉浦芳夫編：『空間の経済地理』朝倉書店，80-105.

富田和暁（2005）：大阪市都心地区における新規マンション居住者の居住満足度と定住意識．人文研究（大阪市立大学大学院文学研究科紀要），56，65-89.

富田和暁（2009）：大都市圏における新時代の居住地選好．大阪商業大学論集，151・152，173-188.

富田和暁（2012）：大都市の都心区における人口の再集中化．藤井　正：「都市圏の構造変化メカニズムと多核的都市整備に関する学際的研究」（平成21〜23年度科学研究費補助金研究成果報告書），41-58.

富田和暁（2013a）：6大都市の都心区における人口の再集中化．都市地理学，8，1-13.

富田和暁（2013b）：都市化．人文地理学会編：『人文地理学事典』，346-349.

富田和暁・木村義成（2005）：東京大都市圏の居住地構造－単独世帯の空間的分布を中心にして－．統計，2005年2月号，8-14.

富田和暁・熊谷美香・清水友香（2007）：大阪府北部地域における新規マンション居住者の居住満足度と定住意識－大阪市都心地区マンションとの比較－．人文研究（大阪市立大学大学院文学研究科紀要），58，68-91.

富田和暁・菅谷泰尚（1995）：3大都市圏における職業別就業者の空間的分布の動向－1970〜1995年の分析－．横浜国立大学人文紀要第1類（哲学・社会科学），41，1-39.

富田和暁・藤井　正編（2001）：『図説　大都市圏』古今書院.

富田和暁・藤井　正編（2010）：『新版　図説大都市圏』古今書院.

豊田哲也（2007）：社会階層分極化と都市圏の空間構造－三大都市圏における所得格差の比較分析－．日本都市社会学会年報，25，5-21.

参 考 文 献　159

豊田哲也（2012）：世帯所得分布から見た大都市圏の空間構造の変容－豊かな郊外から
　　豊かな都心へ－．藤井　正：「都市圏の構造変化メカニズムと多核的都市整備に関
　　する学際的研究」（平成 21 ～ 23 年度科学研究費補助金研究成果報告書），81-102.
中川聡史（2005）：東京圏をめぐる近年の人口移動－高学歴者と女性の選択的集中－．
　　国民經濟雜誌，191-5，65-78.
中川聡史（2013）：神戸市中心部における新規居住者の属性について．国民經濟雜誌，
　　207，81-92.
中澤高志（2003）：東京都心三区で働く女性の居住地選択．地理科学，58-1，3-21.
中澤高志（2006）：住宅政策改革と大都市圏居住の変容に関する予察－東京大都市圏を
　　中心に－．経済地理学年報，52-1，1-18.
中澤高志（2014a）：人口の都市集中．藤井　正・神谷浩夫編：『よくわかる都市地理学』
　　ミネルヴァ書房，96-99.
中澤高志(2014b)：住宅双六．藤井　正・神谷浩夫編：『よくわかる都市地理学』ミネルヴァ
　　書房，175.
中澤高志・佐藤英人・川口太郎（2008）：世代交代に伴う東京圏郊外住宅地の変容－第
　　一世代の高齢化と第二世代の動向－．人文地理，60-2，144-162.
長沼佐枝（2005）：都心地区における土地資産の利用と居住環境からみた人口高齢化．
　　経済地理学年報，51，116-130.
長沼佐枝・荒井良雄・江崎雄治（2006）：東京大都市圏郊外地域の人口高齢化に関する
　　一考察．人文地理，58，399-412.
長沼佐枝・荒井良雄（2010）：都心居住者の属性と居住地選択のメカニズム：地方中核
　　都市福岡を事例に．地学雑誌，119，794-809.
成田孝三（1992）：世界都市化と二都問題．日中地理学会議訳：『アジアの都市と人口』
　　古今書院，165-182.
成田孝三（1995）：『転換期の都市と都市圏』地人書房.
成田孝三（2005）：『成熟都市の活性化－世界都市から地球都市へ－』ミネルヴァ書房.
新出嘉一郎（2013）：大阪都心への人口回帰：都心に進行する分譲マンション発生から
　　の視点．地域開発，582，16-22.
西山志保（1997）：東京の都市空間と地域社会の変容－カステルとハーヴェイの理論か
　　ら－．人文地理，49，64-75.
日経アーキテクチュア編（2014）：『東京大改造マップ 2020』日経 BP 社.
日本住宅総合センター(2007)：『居住選択における男女差の検証』日本住宅総合センター.
広瀬智範（2000）：マンション開発に伴う仙台旧市街地の地域変貌－青葉区五橋二丁目

160 参考文献

地区を例に－. 季刊地理学, 52-2, 118-130.

芳賀博文 (2006)：東京における超高層建築の著増と都市景観の変容. 都市地理学, 1, 3-18.

芳賀博文 (2007)：東京におけるスカイラインの変貌. 阿部和俊編：『都市の景観地理 日本編1』古今書院, 32-42.

八田達夫編 (2006)：『都心回帰の経済学』日本経済新聞社.

林　上編 (2007)：『現代都市地域の構造再編』原書房.

平山洋介 (2006)：『東京の果てに』NTT 出版.

平山洋介 (2011)：『都市の条件－住まい, 人生, 社会持続』NTT 出版.

広原盛明・高田光雄・角野幸博・成田孝三編 (2010)：『まちなか・郊外の共生－京阪神大都市圏の将来－』晃洋書房.

藤井　正・神谷浩夫編著 (2014)：『よくわかる都市地理学』ミネルヴァ書房.

藤塚吉浩 (2013a)：ロンドンのテムズ川沿岸における新築のジェントリフィケーション. 都市地理学, 8, 82-89.

藤塚吉浩 (2013b)：世界都市におけるジェントリフィケーション. 日本都市学会第60回大会研究発表要旨集, 91-92.

藤塚吉浩 (2013c)：ニューヨーク市ブルックリンにおけるジェントリフィケーション. 人文地理学会 2013 年大会研究発表要旨集, 78-79.

藤塚吉浩 (2014a)：ジェントリフィケーション. 藤井　正・神谷浩夫編：『よくわかる都市地理学』ミネルヴァ書房, 118-119.

藤塚吉浩 (2014b)：ロンドン北東部におけるジェントリフィケーション. 日本地理学会発表要旨集, 85, 40.

藤塚吉浩 (2014c)：ジェントリフィケーションの新たな展開. 地理, 59-4, 48-53.

藤塚吉浩 (2014d)：ロンドン, ニューヨーク, 東京におけるジェントリフィケーション. 日本都市学会年報, 47, 277-282.

古谷泰大・杉浦芳夫・原山道子 (2013)：2000 年以降の東京郊外多摩市における民間分譲マンション供給とその居住者. 理論地理学ノート, 17, 39-66.

堀内千加 (2009)：京都市中心部におけるマンション開発と人口増加の動向. 経済地理学年報, 55, 193-214.

町村敬志 (2009)：現代日本における格差の重層的構造. 一橋社会科学, 6, 103-123.

松原　宏 (2007)：グローバル経済・人口減少社会における日本の都市システムと都市内部構造の再編. 経済地理学年報, 53, 443-460 (英文).

三浦伸也 (2011)：タワーマンションとコミュニティ－武蔵小杉駅周辺地域開発につい

ての考察－．遠藤　薫編：『グローバリゼーションと都市変容』世界思想社，187-206.

水野真彦（2010）：2000年代における大都市再編の経済地理－金融資本主義，グローバルシティ，クリエイティブクラス－．人文地理，62，427-444.

宮澤　仁・阿部　隆（2005）：1990年代後半の東京都心部における人口回復と住民構成の変化－国勢調査小地域集計結果の分析から－．地理学評論，78，893-912.

安田　孝（1982）：大阪大都市圏における民間分譲マンションに関する研究（Ⅰ）－立地動向，立地形態，住居水準について－．日本建築学会論文報告集，312，144-151.

安田　孝（1983）：大阪都心周辺部の工場跡地におけるマンション立地について－大阪大都市圏における民間分譲マンションに関する研究（Ⅱ）－．日本建築学会論文報告集，323，109-115.

安田　孝（1985）：都心周辺部マンション街居住者の構成と居住地志向－大阪大都市圏における民間分譲マンションに関する研究（Ⅲ）－．日本建築学会論文報告集，349，84-92.

矢倉正貴（2010）：京都市都心部におけるマンション立地と居住者特性．都市研究，10，81-96.

矢作　弘（2002）：東京のリストラクチャリングと「世界都市」の夢再び．大阪市立大学経済研究所編：『大都市圏再編への構想』東京大学出版会，135-164，

矢部直人（2003）：1990年代の東京都心における人口回帰現象－港区における住民アンケート調査の分析を中心にして－．人文地理，55-3，79-94.

山神達也（2003）：日本の大都市圏における人口増加の時空間構造．地理学評論，76，187-210.

山崎　健（2001）：『大都市地域のオフィス立地』大明堂.

山下宗利（2012）：都市空間の変容と不動産－東京・日本橋三丁目を事例に－．日本地理学会発表要旨集，81，94.

山田浩久（1992）：東京大都市圏周辺地域における居住地移動の特性－千葉市を事例として－．地理学評論，65-11，847-859.

山田浩久（2003a）：近年の地価変動がマンション立地に与えた影響－東京大都市圏を事例にして－．人文地理，54-4，82-83.

山田浩久（2003b）：東京特別区におけるバブル崩壊後のマンション立地の変容．日本地理学会発表要旨，64，74.

山田浩久（2014）：東京特別区におけるジェントリフィケーションに関する地代論的考察.日本地理学会発表要旨集，85，37.

162 参考文献

由井義通（1986）：広島市における中高層住宅の開発とその居住者の特性．人文地理，38，56-77.

由井義通（1999）：『地理学におけるハウジング研究』大明堂．

由井義通（2000）：都心居住－シングル女性向けマンションの供給－．広島大学教育学部紀要（第2部），48，37-46.

由井義通（2003）：大都市におけるシングル女性のマンション購入とその背景－『女性のための住宅情報』の分析から－．季刊地理学，55-3，143-161.

由井義通編著（2012）：『女性就業と生活空間』明石書店．

由井義通・神谷浩夫・若林芳樹・中澤高志（2004）：『働く女性の都市空間』古今書院．

歴史学研究会編（2010）：『日本史年表　第4版』岩波書店．

若林芳樹（2006）：東京大都市圏における保育サービス供給の動向と地域的差異．地理科学，61，210-222.

若林芳樹・神谷浩夫・由井義通・木下禮子・影山穂波（2001）：東京大都市圏における30歳代シングル女性の居住地選択－マルチメソッド・アプローチの試み－．地理科学，56，65-87.

若林芳樹・由井義通・矢野桂司・武田裕子（2004）：東京圏における30歳代シングル世帯の居住地選択にみられるジェンダー差．日本地理学会発表要旨集，66，159.

若林芳樹・神谷浩夫・木下禮子・由井義通・矢野桂司編（2002）：『シングル女性の都市空間』大明堂．

渡辺良雄（1978）：大都市居住と都市内部人口移動．総合都市研究，4，11-35.

Atkinson, R. and Gary B. eds.（2005）: *Gentrification in a global cntext : The new urban colonialism,* Routledge.

Bounds, M. and Morris, A.（2006）: Second wave gentrification in inner-city Sydney. *Cities,* 23-2, 99-108.

Davidson, M. and Lees, L.（2005）: New-build gentrification and London's riverside renaissance. *Environment and Planning A,* 37, 1175-1190.

Klassen, L. H., Bonrdrez, J. A. and Volmuller, J.（1981）: *Transport and Reurbanisation,* Gower, 8-22.

Lees, L.（2008）: Super-gentrification : the case of Brooklyn Heights, New York City. *Urban Studies,* 40, 2487-2509.

Lees, L.（2012）: The geography of gentrification : Thinking through comparative urbanism. *Progress in Human Geography,* 36(2), 155-171.

Lees, L. *et al.*（2008）: *Gentrification,* Routledge.

Yabe Naoto（2004）: *Population Recovery in inner Tokyo in the Late 1990s : A Statistical analysis in Minato Ward.* Geographical Report of Tokyo Metropolitan University, 39, 35-43.

索　引

〔ア　行〕

育児支援　141
一戸建て住宅　94, 105, 106, 116, 131, 132, 139, 142, 145
大阪市　3, 21, 23, 58, 102, 106, 123
大阪市中央区　26 ～ 28, 30, 32 ～ 34, 36, 39, 41
大阪市都心区　7, 17, 18, 101
大阪市都心5区（中央区，北区，西区，天王寺区，浪速区）71
大阪市都心3区（中央区，北区，西区）93
大阪市都心3区のマンション　50
大阪市都心地区　35, 80, 84, 93 ～ 95, 97, 101, 104, 114, 115, 119, 120, 124, 128, 139
大阪市都心地区マンション　94, 101, 104, 105, 110, 111, 113 ～ 116, 123, 127, 139
大阪市淀川区　19
大阪大都市圏　120, 128
オフィス　22, 51, 59, 60
オフィス化　16
オフィス機能　3
オフィス就業者　13
オフィス需要　58
オフィスビル　142

〔カ　行〕

カイ二乗検定　73, 79, 82
核家族世帯　36, 38, 39, 41, 50, 68, 70, 73, 75, 76, 78, 83, 85, 86, 90, 98, 114, 129, 132, 144
核家族世帯数　36, 37, 43
家族類型　73, 84 ～ 86
環境悪化　135
規制緩和　52, 57, 141
規制緩和政策　57
技能・生産職　6, 7, 9, 10
技能工・生産工程作業者　4
機能的（な）変容　136, 137
給与住宅　94, 129
行政サービス　143
共同住宅　119, 142
京都市中京区　27, 28, 33, 34
業務機能　3, 10, 19, 21, 30, 43, 51, 135 ～ 138, 143
業務地化　28
居住機能　3, 5, 10, 21, 30, 43, 51, 136, 138, 143
居住地移動　129
居住地選好　128, 129, 131 ～ 133, 139
居住地選択　94, 141
居住満足度　67 ～ 69, 72, 78, 80, 98, 110, 139
近畿圏　119
金融・保険業　11
金融緩和政策　57, 142
ケア付きマンション　144
経済（の）低成長　42, 139, 140
京阪神3市（大阪，京都，神戸）106
京阪神大都市圏　93, 94, 141
建築基準法　22, 57
郊外化　28, 29
郊外住宅地　116, 133
郊外地域　140
郊外都市　96, 97, 106, 110, 116, 131 ～ 133, 139 ～ 141
郊外都市都心地区のマンション　116

166　索　引

郊外都市の一戸建て住宅　131, 132
郊外都市のマンション　131, 132, 139
高級タワーマンション　139, 140
高級超高層マンション　69, 75, 90, 123
公共交通　143
公共交通の整備　138, 144
公共施設　143
工業等制限法　58
高層建築物　142
高層住居誘導地区　57, 138
高層マンション　140, 145
高度経済成長期　3, 58, 133, 135, 140
高齢者世帯　55, 60, 127, 129, 142, 143
高齢者単独世帯　60, 63
高齢者夫婦世帯　141
子育て支援　143
固定資産税　12
子どもがいる共働き世帯　63, 141
子どもがいる2世代世帯　56
コミュニティ　144
雇用の集積　60, 74, 90, 91, 123, 138, 144
雇用への近接　41
コンパクトシティ　142, 143
コンパクトタウン　54

〔サ　行〕
再開発　142
再再開発　142
札幌市中央区　26, 32 〜 34, 36, 38, 41, 42
3大都市（東京，大阪，名古屋）　3, 25, 135
3大都市圏　47, 119
ジェントリフィケーション　43, 139
市街地再開発　142
自然増加　33, 136
自然動態　31, 42
事務従業者（事務職）　4, 6, 8, 9, 11
事務所　14, 16, 18
事務所機能　19

事務所床面積　12 〜 14, 16 〜 22, 135
事務所立地　14, 22, 23
事務所立地禁止地域　23
社会階層　143
社会階層の二極化　143
社会増加　32 〜 35, 42, 43, 59, 136
社会的関係　130
社会動態　31, 33 〜 35, 42, 136
就業機能　5
従業地就業者数　29, 30, 43, 136
従業地就業者総数　4
住居機能　12
住居系用途地域　22, 23
就従比　4, 5, 10
住宅附置制度　25, 58
住宅床面積　13, 16, 20, 21, 135
周辺区　5, 9 〜 12, 14, 17, 19 〜 21
住戸の多様性　144
首都圏　93, 119
準オフィス機能　11
商業ビル　142
証券業　11
少子化　58, 132
少子高齢化　60, 63, 128, 132, 139, 140
常住人口　25, 27, 47
常住地就業者総数　4
商品販売従事者　11
職業別就業者　4
職業別就業者数　135
職住近接　54, 60, 61, 71, 74, 90, 105, 123, 141
女性単身世帯　56, 60, 61, 63, 133
女性の社会進出　63
新大阪駅　19
シングル女性　41, 54, 62
シングル女性世帯　75, 78
人口（の）再集中化　25, 27, 29, 36, 42, 47, 58, 67, 93, 137, 140, 143

人口回復政策　25, 58
人口回復率　27, 42
人口減少　128, 140
人口集中地区　26
人口動態　31
人口の空洞化　135
人口の社会増加　48, 63
人口の社会動態　34
人口の都心回帰　47
新時代　140, 141, 143 〜 145
生活環境　76, 77, 89, 107, 110, 127, 129, 133
成立閾値　54
世界都市　43
世界都市化　21
世帯類型　39, 84, 127, 128, 141
仙台市青葉区　26
仙台市都心部　71, 82
専門・技術職　9
専門的・技術的職業従事者　4
千里ニュータウン　96, 144
騒音　77, 78, 81, 85, 89 〜 91, 107, 109 〜 111,
　115, 125, 127, 129, 135, 137
ソーシャル・ミックス　144

〔夕　行〕
第 1 種住居専用地域（低層住居専用地域）
　22, 23
第 1 種中高層住居専用地域　22
大気汚染　62, 77, 78, 81, 89 〜 91, 107, 109
　〜 111, 115, 125, 127, 129, 135, 137
大規模マンション　145
多機能マンション　143
大都市圏　119, 120, 128, 132, 133, 140, 141,
　145
大都市圏周辺　5, 11
大都市中心区　33
大都市都心地区　25, 62, 63, 67, 73, 84, 91, 93,
　110, 132, 135, 137 〜 141, 143 〜 145

大都市都心地区マンション　132, 133
大都市都心部　107
第 2 種住居専用地域　23
建物（の）用途別床面積　4, 12, 135
建物床面積　12, 15
多摩ニュータウン　144
タワーマンション　52 〜 54, 57 〜 59, 97,
　105, 138, 139, 143, 145
団塊世代　133
単身世帯　54, 56
単身世帯数　56
男性単独世帯　61
単独高齢者世帯　132
単独女性世帯　84, 85
単独世帯　38, 39, 41, 60, 63, 68, 70, 83, 85, 86,
　89, 90, 98, 101, 114, 121, 123, 129, 131, 132,
　136, 141
単独世帯数　36, 37
地域イメージ　130
地域社会　145
地縁的関係　130
地縁的住宅需要　106, 114, 123, 133, 139,
　140
地価の下落　35, 38, 42
地方圏　133
中間所得者層　144
中高層住宅　48
中心機能　144, 145
中心機能の集積　60, 74, 75, 90, 91, 116,
　138, 144
中心区　28, 30, 32 〜 39, 41 〜 43, 47, 136
中心市街地　96, 97, 112, 116, 133, 140
中心都市　63, 93, 140, 141, 145
中心都市のマンション　132
中枢管理機能　21, 28
中年シングル女性世帯　73, 75, 76, 83, 90, 114
昼夜間人口比率　30, 31, 43, 136
超高層共同住宅　58

168　索　引

超高層タワーマンション　68
超高層マンション　54, 57, 59, 105
賃貸住宅　71, 99, 129
低次な中心機能　54
定住意識　67 ～ 69, 73, 82, 83, 90, 98, 101,
　　112, 114 ～ 116, 126, 127, 138, 139
低所得者層　144
デフレ対策　61
転居志向世帯　82 ～ 84, 114, 115, 127
転居志向率　114, 139
転居予定世帯　86, 89
転居理由　89, 127
転出者　33, 42
転出者数　32 ～ 35
転入者　33, 41, 42, 62, 67
転入者数　32, 34, 35, 39, 41, 42
店舗床面積　14
東京一極集中　20, 21
東京区部　12, 20, 22, 55
東京圏周辺地域　7
東京大都市圏　93
東京都区部　55, 56
東京都江東区　14, 54, 59, 142
東京都品川区　14, 59
東京都心　8, 16
東京都心区　4, 8, 10, 17
東京都心 5 区（千代田区，中央区，港区，
　　新宿区，渋谷区）48
東京都心 3 区（千代田区，中央区，港区）
　　16, 22, 35, 48, 50, 51, 57
東京都心 3 区のマンション　16
東京都新宿区　22
東京都心地区　25, 59
東京都心 8 区（千代田区，中央区，港区，
　　新宿区，渋谷区，文京区，台東区，豊島区）
　　51, 55, 56
東京都心部　80
東京都中央区　26 ～ 28, 30, 32 ～ 34, 36 ～

　　39, 41 ～ 43, 48, 51, 59, 136
東京都千代田区　51, 58
東京都港区　47, 59
東京 23 区　3, 7, 48
東京湾岸地域　59
特例容積率適用制度　138
都市階層　21, 27 ～ 30, 33, 36, 43
都市機能　3, 4, 12
都市計画　145
都市計画法　22
都市再生機構　143
都市再生特別措置法　58, 138
都市政策　22, 23, 145
都市的産業　28
都市のインフラストラクチャー　143
都市の階層差　43
都心回帰　58, 136
都心区　4, 5, 7, 8, 10 ～ 12, 14 ～ 19, 21, 60,
　　135
都心再開発　143
都心周辺区　4 ～ 8, 11, 12, 14, 16, 17, 21
都 心 地 区　3, 16, 25, 28, 29, 35, 38, 42, 47,
　　48, 51, 52, 57 ～ 63, 67, 80, 82, 89, 90, 94,
　　97, 116, 119, 125, 131 ～ 133, 135 ～ 146
都心地区インフラストラクチャー　144
都心地区居住　60, 61, 63, 73, 75, 144
都心地区居住志向　140
都心地区居住者　73, 91, 138
都心地区（の）マンション　91, 93, 115,
　　120, 123 ～ 128, 131, 132, 139, 144
共働き世帯　141
トレードオフ　133

〔ナ　行〕
名古屋（市）3, 21, 23
名古屋市中区　27, 30, 32 ～ 34, 39
2 世代同居世帯　132
ニュータウン　82

〔ハ　行〕

バブル経済崩壊　28, 30, 38, 42, 51, 135

バブル経済崩壊後　57, 136

晩婚化　60

阪神・淡路大震災　26

販売従業者（販売職）　4, 6, 8, 9, 11

販売類似職業従事者　11

非高齢者世帯　129, 131

非高齢者単独世帯　131

非婚化　60, 132

1人暮らしの世帯　37

非木造住宅　18

比率の差の検定　73, 75, 76, 80, 101, 102, 104

ファミリー世帯　97, 136, 137

夫婦と子ども世帯　61, 84

夫婦のみの世帯　56

夫婦2人世帯　70, 84 〜 86, 122, 123, 127, 129, 131, 132

夫婦2人と子ども世帯　73, 101, 122

福岡市中央区　27, 28, 30, 33, 39, 42

複合開発　143

複数持ち家世帯　72

フードデザート　143

富裕層　43

北摂地域（吹田市，高槻市，茨木市，箕面市など）　94, 97, 99, 101, 102, 105, 106, 110, 114 〜 116, 120, 121, 124, 125, 128, 139

北摂地域（の）マンション　97, 102, 105, 107, 110, 111, 114 〜 116, 121, 123 〜 127, 139

北摂都市　107

ホワイトカラー　3, 6, 7, 14, 60

ホワイトカラー雇用　21

ホワイトカラー比率　7, 9 〜 11

〔マ　行〕

マンション　16, 19, 32, 41, 42, 47, 48, 50 〜

55, 57, 67, 68, 71 〜 73, 79, 81, 83, 90, 102, 104 〜 106, 109, 112, 113, 116,119,120, 125, 131

マンション供給　31, 35, 37, 38, 142, 144

マンション居住　119, 139, 140, 141

マンション居住世帯　82

マンション建設　18, 57

マンション購入の理由　115

マンション需要　38

マンションの住み心地　78, 79

マンション用地　35, 136, 142

マンション立地　35, 42, 47, 49, 57, 59, 63, 93, 135 〜 137, 141, 144

持ち家一戸建て（住宅）　55, 70, 71, 89, 99, 101, 120, 132, 139

〔ヤ・ラ・ワ行〕

有意水準　80, 82, 101

豊かな都心　43

用途地域制度　22, 135

用途別床面積　12

余暇活動　130

ライフステージ　113, 115, 127, 132

立地規制制度　142

老人介護の社会化　132

老人ホーム　86

6大都市（札幌，東京，名古屋，京都，大阪，福岡）　26, 42, 136

6中心区　27, 31

ワンルーム　50, 68, 144

ワンルーム・マンション　49, 135 〜 137, 146

〔A 〜 Z〕

DEWKS（Double Employed With Kids）世帯　63, 141

DINKS 世帯　63, 141

〔著者紹介〕

富田　和暁（とみた　かずあき）

［経　歴］

1947 年　愛知県に生まれる
1969 年　名古屋大学文学部史学科地理学専攻卒業
1976 年　名古屋大学大学院文学研究科博士課程満期退学
1995 年　博士（地理学）の学位授与（名古屋大学）
　　　　　神戸大学文学部助手，横浜国立大学教育学部講師，助教授，教授，
　　　　　大阪市立大学大学院文学研究科・文学部 教授を経て，
現 在　　大阪商業大学経済学部 教授
　　　　　大阪市立大学名誉教授

［おもな著作］
『情報化社会の地域構造』（共編）大明堂（1990 年）
『情報化社会のオフィス立地』（共訳）時潮社（1990 年）
『経済立地の理論と実際』大明堂（1991 年）
『大都市圏の構造的変容』古今書院（1995 年）
『地域と産業－経済地理学の基礎－』大明堂（1996 年）
『立地と空間　上－経済地理学の基礎理論－』（共訳）古今書院（2001 年）
『図説　大都市圏』（共編）古今書院（2001 年）
『新版　地域と産業－経済地理学の基礎－』原書房（2006 年）
『新版　図説大都市圏』（共編）古今書院（2010 年）

書　名	**大都市都心地区の変容とマンション立地**
コード	ISBN978-4-7722-5285-0 C3025
発行日	2015（平成 27）年 2 月 2 日　初版第 1 刷発行
著　者	**富田和暁**
	Copyright　©2015　Kazuaki TOMITA
発行者	株式会社 古今書院　橋本寿資
印刷所	太平印刷社
発行所	**古今書院**
	〒 101-0062　東京都千代田区神田駿河台 2-10
電　話	03-3291-2757
FAX	03-3233-0303
振　替	00100-8-35340
ホームページ	http://www.kokon.co.jp/
	検印省略・Printed in Japan

いろんな本をご覧ください
古今書院のホームページ

http://www.kokon.co.jp/

★ 700点以上の**新刊・既刊書**の内容・目次を写真入りでくわしく紹介
★ 地球科学やGIS，教育など**ジャンル別**のおすすめ本をリストアップ
★ 月刊『地理』最新号・バックナンバーの特集概要と目次を掲載
★ 書名・著者・目次・内容紹介などあらゆる語句に対応した**検索機能**

古 今 書 院

〒101-0062　東京都千代田区神田駿河台2-10

TEL 03-3291-2757　　FAX 03-3233-0303

☆メールでのご注文は　order@kokon.co.jp　へ